麹づくりと
発酵しごと

なかじ

KOJI

農文協

はじめに

こんにちは、なかじです。
25歳のときに発酵・醸造の世界に足を踏み入れ、麹に出会い、約20年がたち、
2020年には最初の家庭向けの麹づくりの本『麹本 KOJI for LIFE』(農文協)を出版しました。
この本は日本だけでなく、海外でも米麹がつくれるように英訳をつけ、
基本的なつくり方とその原理を細かく解説しています。
味噌、甘酒のつくり方なども紹介しており、
これ1冊あれば米麹は確実につくれるようになります。

今回の『麹づくりと発酵しごと』はその第2弾として、基本の米麹だけでなく、
麦や醤油の麹、道具ごとの仕込み方の違い、麹を使った加工品、
酒種パンや醤油のつくり方など、より幅広い内容となっています。
初心者にはもちろん、『麹本』を持っている人、
麹づくりの経験者にも楽しんでいただけると思います。

地域の食材と菌を利用した発酵・保存食づくりは、
もともと世界中の家庭単位で伝承されてきた、豊かに生きるための暮らしの技術です。
近年の食生活の変化などにより、その技術は身近なものではなくなってきましたが、
今改めて、家庭での麹づくりや発酵しごとが注目されています。
私が主宰する「麹の学校」でも多くの人たちが麹づくりを学び、発酵食品をつくり、
その背景にある文化にも興味を持っています。また海外でも KOJIへの関心が高まり、
シェフや発酵愛好家たちが独自の発酵カルチャーを築きつつあります。
日本でも世界でも SNSを通じて麹はより身近になり、
愛すべき小さな隣人として広がっているのです。

ここで紹介するのは、そのような麹づくりや発酵しごとを、
手軽に暮らしに取り入れてもらえるよう、少量のお米で必要なときに必要なだけ麹をつくる方法です。
特別な道具ではなく、ボウルやポリ袋など家庭にあるもの、
できるだけ手に入れやすいものを使いますので、世界中どこででも麹がつくれます。

自分で麹を育て、発酵食品をつくることは、
自然界に内在している豊かさを自分の手に取り戻す作業です。
1粒のお米から始まる小さな奇跡は、台所で静かに、そして確実に私たちの人生を変えてくれます。
伝統の技を受け継ぎながらも、常に新しい発見と、
現在進行形で進化している麹づくりと発酵しごと。
この本を通じて、あなたと一緒に楽しみ、分かち合えたらと思います。

CONTENTS

02 はじめに
06 基本的な材料と道具

米麹　KOME KOJI ……… 09

10 米麹をつくる
20 米麹をつくる　大量に仕込む場合
【道具を替える】
25 中華せいろ／ステンレス製蒸し器
26 ファスナー付きポリ袋
27 ガラスボウル
28 ヨーグルトメーカー
29 番外編：少量で仕込むポケット麹

麦麹　MUGI KOJI ……… 30

31 麦麹をつくる
35 COLUMN 麹菌のはなし①　日本の発酵食品に欠かせない3種の麹菌

黒麹・白麹　KURO KOJI・SHIRO KOJI ……… 36

37 黒麹・白麹をつくる
41 COLUMN 麹菌のはなし②　長い歴史の中で育まれ、選ばれてきた菌

玄米麹　GENMAI KOJI ……… 42

43 玄米麹をつくる

醤油麹　SHOYU KOJI ……… 47

48 醤油麹をつくる
55 COLUMN 麹菌のはなし③　進化し続ける麹菌の使い方
56 醤油をつくる
60 COLUMN 生醤油と生醤油の違い

麹を使ったいろいろ ………… 61

62 ① 酒種パンをつくる
64 STEP 1 酒種酵母　そやし水の仕込み／本仕込み
66 STEP 2 酒種パン

68 ② 味噌をつくる
69 甘味噌
71 玄米味噌／麦味噌

72 ③ 甘酒をつくる
73 白米の甘酒
74 黒麹甘酒・白麹甘酒／玄米甘酒

75 鯛のそやしなれずし
76 塩甘酒漬けの卵黄ご飯／ゆずの香りの麹納豆
77 干しスルメイカの甘酒漬け／発酵宝漬け

78 ④ 甘酒を使った醤(ジャン)をつくる
79 甘酒ペペロン醤／ウマミソ・コチュジャン／甘酒麻辣醤
80 ガーリックトーストのサラダ／ペペロンチーノ
81 トマト麻辣豆腐／きゅうりと鶏の麻辣醤和え
82 ゆで豚のコチュジャン添え／もやしのナムル／コチュジャンおにぎり

84 ⑤ 発酵調味料をつくる
84 醤油麹／玉ねぎ麹／白麹ポン酢

85 ⑥ だし醤油をつくる
85 だし醤油
86 トマトのだし醤油煮／アボカドの浅漬け
87 きゅうりの浅漬け／マグロと卵黄のづけ丼

88 COLUMN 麹菌のはなし④　和食文化を守る種麹屋
91 種麹の入手先
92 麹づくりQ&A
94 おわりに

基本的な材料と道具

この本では、米、麦、大豆を使った麹づくりを紹介します。原料は違っても、基本的な工程は同じ、使う道具も共通しています。ここで紹介した道具でないとできないということではありませんが、ひと通りそろえておけば、麹づくりが手軽に失敗なくできます。

⇒バットやスプーンなど、直接麹に触れるものは熱湯などで殺菌しておく。

白米、玄米、小麦、大豆

麹の原料、麹菌の栄養源となる炭水化物とたんぱく質をもつ穀物。ソバ、ハト麦などの雑穀でも麹はできる。

種麹

麹菌の胞子を集めた種のこと。もやしとも呼ばれる。使用量の目安は原料の0.1％重量。米麹用、麦麹用と原料に応じて種類も違う。個人でも通信販売で入手できる。入手先はp.91参照。

蒸し器

p.12からの基本的な米麹のつくり方では、和せいろを使用。ほかの蒸し器と比べて蒸気の勢いが強く早く蒸し上がる。また、木製なので、余分な蒸気を吸って原料に水分がつきにくい。中華せいろ、金属製の蒸し器などでもできる。和せいろ以外の使い方はp.25参照。

麹を入れる容器

少量ならふた付きのステンレスバットがおすすめ。入れ子で使えるザルもあるとよい。ほか、ファスナー付きポリ袋、ヨーグルトメーカー、プラスチック容器などでもOK。大量なら、麹専用の容器・麹ぶた（もろぶた）、すし桶などがよい。ポリ袋、ボウル、ヨーグルトメーカーの場合はp.26〜28、すし桶の場合、p.20参照。

厚手のタオル、温度計、電気毛布

温度管理するための道具。温度計は、コードの先に温度センターがついた、室温と米の温度がはかれるデジタルのものが便利。電気毛布はひざ掛けタイプがおすすめ。

そのほかの道具

粉ふるいや茶こしは種麹をふるのに、さらしや蒸し布は蒸し器に敷いたり、発酵途中で保湿したりするのに使う。デジタルばかりは種麹をはかるので、0.1g以下まではかれるものがよい。原料を扱う際、スプーンやスケッパーもあると便利。

KOME KOJI

米麹

まずは、おなじみの米を原料とする麹をつくってみましょう。
米麹から、味噌や甘酒、塩麹もつくれます。
これを覚えれば、ほかの麹づくりにも応用できます。

米麹をつくる

【材料】できあがり 330〜360g*
白米…300g
種麹（米麹用）…0.3g

麹ってなんだろう

麹は蒸した米や大豆、麦などの穀物に麹菌（コウジカビ）を繁殖させた、麹菌の集合体。酒や醤油、味噌などをつくる際に欠かせない、発酵を始めるためのスターターです。

麹菌は穀物を培地とし、穀物を分解して栄養とし、発芽し菌糸を伸ばして増殖していきます。つまり、麹をつくるとは、手をかけて麹菌が棲みやすい環境をつくってあげること。米麹の場合、培地である蒸し米を麹菌にとって最適な温度、湿度などに整えることです。

酵素が米や大豆を分解する

米麹のできあがりの姿というと、花を咲かせたようなふわふわとカビが生えた状態を思い浮かべます。でも麹づくりは、その姿自体が目的ではなく、カビである麹菌がつくる酵素を得るのが目的です。

麹菌は菌糸をのばすときに多種多様な酵素を出して米のでんぷんやたんぱく質を分解し、そこで生まれた糖やアミノ酸を栄養に成長しています。麹が発酵のスターターというのは、麹菌が出す酵素の働きで、米のでんぷんを分解して甘酒や酒ができ、大豆のたんぱく質を分解して味噌や醤油ができるからです。でんぷんを分解する酵素（アミラーゼ）が優位な麹と、たんぱく質を分解する酵素（プロテアーゼ）が優位な麹があり、酒蔵や味噌屋などのプロはそれぞれつくり分けています。

スーパーなどの量販店で手に入る麹は、どちらにも偏らない平均的な性質のものです。もちろんそれでも上手にできますが、麹を自家製にすると、その発酵食のできあがりをより自分の好みに寄せられます。種麹の種類を選んだり、つくり方や環境を変えたりして、自分なりの工夫ができるのも、手づくり麹の面白さです。

米麹の工程と時間

　米麹ができあがるまでは、米を洗う工程をスタートとすると、およそ4日間かかります。長いと思われるかもしれませんが、そのうち1日は水に浸している時間ですから、実際に手をかける時間はわずかです。大事なのは、麹菌が棲みやすい環境をつくってあげること。適切な温度、湿度になるように気をつければ、その間は放っておいても大丈夫。菌が繁殖し、蒸し米がだんだん麹に変化していきます。その変化の様子を観察するのも、麹づくりの楽しみです。

米麹づくりの工程表

日程	作業の内容(所要時間)	米の温度	目安の時刻
1日目	・米を洗う ・水に浸ける(24時間)		AM 9:00
2日目	・水を切る(10分) ・蒸す(40〜60分) ・粗熱を取る ・種麹をふる	35〜45℃	AM 9:00
2日目	・保温する(24時間)	34〜36℃	AM 10:00
3日目	・全体を混ぜる ・保温する(4時間)	35〜38℃	AM 10:00
3日目	・容器に広げる ・保温する(20時間)	38〜42℃	PM 2:00
4日目	・完成 ・乾燥させる		AM 10:00

・時間は目安。蒸し時間も季節や米の品種、精米具合、道具などで変わるので、自分の五感で判断する。
・麹菌は50℃以上では死滅するが、30℃以下だと胞子が発芽しない。温度をチェックしながら手早く作業する。

1日目
・米を洗う
・水に浸ける

2日目
・水を切る
・蒸す

2日目
・粗熱を取る
・種麹をふる

・保温する

3日目
・全体を混ぜる
・保温する
・容器に広げる
・保温する

4日目
・完成
・乾燥させる

KOME KOJI　11

> 基本の白米の麹をつくる

ここで紹介するのは、一番手軽で失敗しにくい白米 300 g でのつくり方です。
プロはもっと大量につくりますが、家庭で発酵食品をつくるなら、これでも十分。
できあがりは、原料の米の 1 割増しの約 330 g です。
▶ の「種切り」「盛り」などは、糀屋、酒蔵などのプロが使う昔ながらの作業名です。
覚えておくと、ほかの麹づくりでも応用がききます。

▶ 洗い

▶ 浸漬

1. 米を洗う

流水で水が透明になるまで洗う。「とぐ」必要はない。ざっとでよい。

2. 水に浸ける（→24時間）

米をたっぷりの水に 24 時間浸けて吸水させる。気温が高く、水が温まったら入れ替える。

米の吸水加減を確認。米 1 粒を親指と人さし指でつぶして粉になれば吸水は十分。これを「かし」という。透明なかたまりが残るなら吸水不足で菌が米全体に回らない。

▶ ザル上げ

▶ 蒸し

3. 水を切る

米をザルに上げて、10分おいて水をよく切る。ザルを斜め45度にするとよく切れる。

4. 蒸す

鍋にたっぷりの湯を沸かす。沸騰したら蒸し器をのせる。米の表面から蒸気が上がったら蒸し始め。さらしをかぶせてふたをし、中火の強で40〜60分蒸す。

蒸し器にさらしを敷き、水切りした米を入れて平らにならす。

蒸し上がったら、米のかたさを確認。表面がパラッとして、中はやわらかい状態がよい。少量の米を手のひらでひねりつぶす。

引っ張ってもち状になればよい。これを「ひねりもち」という。まとまらない場合はさらに10分蒸す。

▶ 蒸し取り

▶ 種切り

5. 粗熱を取る

蒸し米をボウルに出し、スプーンで上下を入れ替えながら広げ、45℃以下になるまで冷ます。菌が繁殖しにくくなるので30℃以下にはならないようにする。

6. 種麹をふる

冷めた蒸し米に種麹を2回に分けてふる。粉ふるいや茶こしを指でやさしくたたきながら1/2量をふる。米全体を底からよく混ぜる。種麹が飛んでしまうので、風のない場所でする。

冷ましている間に種麹を0.3gはかる。少量なので、直接、粉ふるいや茶こしなどに入れるとよい。0.1g以下がはかれるデジタルばかりを使う。なければ、小さじ1/8でよい（多い分には問題ない）。

2回目、残りの1/2量をふってスプーンで全体をよく混ぜる。

▶ 包み込み

7. ポリ袋に移す

蒸し米をスプーンですくってポリ袋に移す。ポリ袋に包まれることで、湿度が保たれる。

8. 保温する（→24時間）

ポリ袋の口を少しあけ、米に温度計をさし、保温用の容器に入れてふたをする。

ポリ袋の口をとじ、手でギュッとまとめてひとまとまりにする。

電気毛布で包み、34〜36℃で24時間保温する。毛布の温度は中の弱ぐらいがよい。

▶切り返し

9. 全体を混ぜる

電気毛布から取り出し、袋の口をあけて空気を入れ替え、袋の上から米をもみほぐす。温度・湿度を均一な状態にし、酸素も供給し、菌の発芽にムラが出ないようにする。

容器に入れて袋の中で米を広げる。あれば、入れ子になるザルを重ね、その上に袋に入った米を入れる。

10. 保温する（→4時間）

米に温度計をさし、袋の口をふわっととじ、ふたをする。

電気毛布で包み、35〜38℃で4時間保温する。

【麹の状態】
透明感がなくなり、白い斑点が出てきたら、麹菌が発芽し、菌糸が表面をおおい始めている。蒸れたにおいもする。

▶ 盛り

11. 容器に広げる

袋の上から米をもんでほぐし、袋から出して容器に広げ、スプーンで平らにならす。あればザルを使うと結露しにくい。

12. 保温する（→20時間）

米に温度計をさし、米に触れないよう、逆さにしたザルをのせて湿らせたタオルをかぶせる。電気毛布で包み、サウナ状態にして38〜42℃で20時間保温する。

かぶせるザルがない場合は、菜箸などを2本、容器の上に渡してもよい。

【麹の状態】
表面全体が真っ白になって完全に透明感がなくなる。ハゼまわり（菌糸が根づき、米に食い込んだように見える）は7〜8割まで進んでいる。

KOME KOJI

▶ 出麹

13. 完成

8の保温から約48時間で麹の完成。電気毛布から出してタオルを除く。保温と保湿を止め、菌糸の成長を止める。米が白くにごり、表面に菌糸が伸びている。

14. 麹をくずす

麹を割ってみる。くずした麹を両手で包んでにおいをかぎ、少し食べてみる。栗の香り・栗の味ができあがりのサイン。このまま、味噌や甘酒づくりに使える（生麹）。

ザルから取り出す。菌糸が十分成長しているので型のままはずせる。

両手をこすり合わせて、麹をバラバラにする。

【麹の状態】
米は白濁し、表面の9〜10割を菌糸がおおっている。

▶ 枯らし

15. 乾燥させる

大きめのバットなどに広げて1日ほど乾燥させて発酵を止める（乾燥麹）。すぐ使う場合は、乾燥させなくてもよいが、酒や飯ずしに使うならよく乾燥させたほうがよい。

ファスナー付きポリ袋などに入れ、冷蔵庫で保存。

【麹の状態】
手につかず、噛んでガリッとするぐらいのかたさ。水分が飛んで軽くなる。

> **memo**
> ### 乾燥麹の保存の仕方
>
>
>
> 夏や雨季はすぐにカビるので、冷蔵か冷凍する。ファスナー付きポリ袋に入れて冷蔵で約1カ月、冷凍で半年保存可能。冬なら紙袋に入れて常温で1～2週間はもつ。

米麹をつくる
大量に仕込む場合

【材料】できあがり1～1.2kg
白米…1kg
種麹（米麹用）…1g

　この本の米麹づくりは米300gを基本とし、できるだけ手順が少なくてもやれるようにしました。ただ、慣れてくると、同じ手間ならもっとたくさんつくりたい、味噌や漬物を仕込むのに大量に必要という人も出てきます。その場合はここで紹介する方法でやってみてください。糀屋、酒蔵など、麹づくりのプロもこのようなやり方でつくっています。

　米の量が多いことで、p.10からのつくり方とは、水を切る時間、蒸す際の手順が少し違ったり、途中の混ぜる作業が1回分多かったりします。ただ、麹菌を蒸し米に繁殖させるという麹づくりのねらい自体は変わりませんので、そう難しく考えなくてもいいでしょう。

【道具】
・p.6、7で紹介した道具
・すし桶2個、蒸し布、帆布

米麹づくりの工程表

日程	作業の内容（所要時間）	米の温度	目安の時刻
1日目	・米を洗う ・水に浸ける（24時間）		AM 8:00
2日目	・水を切る（15～30分） ・蒸す（40～60分） ・粗熱を取る ・種麹をふる	35～45℃	AM 8:00
	・保温する（24時間）	34～36℃	AM 10:00
3日目	・全体を混ぜる① ・容器に移す ・保温する（4時間）	35～38℃	AM 10:00
	・全体を混ぜる② ・保温する（4時間）	36～38℃	PM 2:00
	・全体を混ぜる③ ・保温する（16時間）	38～42℃	PM 6:00
4日目	・完成 ・乾燥させる		AM 10:00

KOME KOJI 21

1. 米を洗う

米を洗う、水に浸ける、水を切るまでは、p.12、13と同様にする。ただし、水を切る時間は15〜30分とする。

2. 蒸す

鍋に湯を沸かし、蒸し器をのせる。蒸し布やさらしを敷き、1/3量の米を敷き詰める。蒸しムラができるので、米は分けて入れる。少し待つと蒸気が上がる。

蒸気が抜けると米は半透明になる。そこに1/3量の米をのせ、蒸気が抜けたら残りの1/3量の米も同様にのせる。蒸し布で包み、ふたをする。中火の強で40〜60分蒸す。

3. 蒸し上がり

米のかたさを確認する。中は水分があってやわらかいが、表面は乾いてかたく、さわっても手につかない状態がよい。

p.13と同様に、「ひねりもち」で、蒸し上がりを確認する。まとまらない場合はさらに10分蒸す。

4. 粗熱を取る

木のテーブルなどに帆布かさらし、または両方を広げて蒸し米を出す。山をつくりくずすを繰り返し、中と外の米を入れ替えながら45℃まで冷ます。

冷めたら蒸し米を厚さ3〜4cmの四角形になるように整える。

▶ 種切り

▶ 包み込み

5. 種麹をふる

冷めた蒸し米に種麹を3回に分けてふる。粉ふるいや茶こしを指でやさしくたたきながら1/3量をふる。種麹が飛んでしまうので風のない場所でする。

蒸し米をひとかたまりずつ手に取り、裏返す。すべて裏返したら、同様に1/3量の種麹をふる。全体を混ぜ合わせる。再度四角形に整え、残りの種麹をふる。

6. 保温する（→24時間）

さらしを広げて米を移して軽くまとめ、さらしで包む。この布は薄いほうがよい。

温度計をさし、全体を包んでポリ袋に入れる。温度計の表示が外から見えるようにし、電気毛布で包み、34〜36℃で24時間保温する。毛布の温度は中の弱ぐらいがよい。

24時間後
▶ 盛り

7. 全体を混ぜる①

米の表面に白いまだらがついてきたら、包みを開いて全体をくずし、1粒ずつばらすようによく混ぜる。

8. 容器に移し保温する（→4時間）

全体がばらけて、混ぜ始めから2℃ほど下がったら、米をすし桶に盛って平らにならす。米に温度計をさし、すし桶をさらしで包み、もうひとつのすし桶を重ねてふたにする。電気毛布で包み、35〜38℃で4時間保温する。

KOME KOJI 23

▶ 仲仕事

▶ 仕舞仕事

9. 全体を混ぜる② （→4時間）

包みを開いて、内と外の米を入れ替えるように全体をよく混ぜる。混ぜ始めから2℃ほど下がったら、8と同様にすし桶をさらしで包み、すし桶でふたをする。電気毛布で包み、36〜38℃で4時間保温する。

10. 全体を混ぜる③ （→16時間）

包みを開いて、7と同様、全体をよく混ぜる。表面をならし、指で「の」の字を描いて凸凹（花道）をつくり熱を逃がす。混ぜ始めから2℃ほど下がったら、表面は凸凹のまま、湿らせてかたくしぼったさらしをかぶせてすし桶でふたをする。電気毛布で包み、38〜42℃で16時間保温する。

▶ 出麹

▶ 枯らし

11. 完成

包みを開く。表面が菌糸でモフモフになり、さわるとふわっと盛り上がり、弾力がある状態。

12. 乾燥させる

全体を手のひらでならし、丸く広げ、下の写真のように指で渦巻きを描いて凹凸（花道）をつくる。

へらなどで麹を取り出す。湿気がこもらない、布や目の細かいザルに出すとよい。手ですり合わせてほぐし、麹をバラバラにする。

そのまま2〜3日涼しいところにおく。梅雨時期は1日1回混ぜる。扇風機をかけてもよい。

道具を替える

基本のつくり方では、和せいろ、ステンレスバットを使いましたが、
原料の穀物を蒸せて、適度な温度と湿度が保てる容器ならなんでも構いません。
道具が替わると手順も少し変わりますので、その場合のつくり方も改めて紹介します。

⇒ p.25〜28の米麹づくりは、いずれも米300g分、種麹0.3gの場合です。

【材料】できあがり330〜360g
白米…300g
種麹（米麹用）…0.3g

中華せいろ

蒸気の勢いがやさしいので、和せいろより長く蒸します。
本体が木製なので、余分な蒸気を吸って
原料に水分がつきにくいです。

1. 米を洗う、水に浸ける、水を切るまでは、p.12、13と同様にする。
2. 蒸し器にさらしを敷き、米を入れてならす。湯が沸騰した鍋に蒸し器をのせて同様に、中火の強で40〜70分蒸す（a）。
3. 蒸し上がったら（b）、「ひねりもち」でかたさを確認する（p.13参照）。まとまらない場合はさらに10分蒸す。
4. 粗熱を取る以降はp.14〜19と同様にする。

ステンレス製蒸し器

金属製なので余分な水分が内側にたまり、
米がぬれてやわらかくなりやすいです。
火が強すぎると側面が高温になり、
側面の米が乾燥してしまうので注意！

1. 米を洗う、水に浸ける、水を切るまでは、p.12、13と同様にする。
2. 蒸し器にさらしを敷き、米を入れてならす。湯が沸騰した鍋に蒸し器をのせて同様に、中火の強で40〜60分蒸す（a）。米がやわらかくなってしまう場合は、底に一枚布を敷くか、蒸し布を二重にする。
3. 蒸し上がったら（b）、「ひねりもち」でかたさを確認する（p.13参照）。まとまらない場合はさらに10分蒸す。
4. 粗熱を取る以降はp.14〜19と同様にする。

ファスナー付きポリ袋

食品保存用のポリ袋は、麹の乾燥を防ぎ、麹菌が育つのに適した環境をつくります。ただし、袋には、麹菌のための酸素が入るよう、針で小さな穴を開けます。サイズは300gの米ならMサイズの袋でOK。大きい分には問題ありません。

1.

米を洗うところから種麹をふるまでは、p.12〜14と同様にする。

2.

【保温する】種麹をまぶした米をスプーンですくってポリ袋に移す。袋の口をとじて両手でまとめてかたまりにする。

3.

袋全体に1cm間隔で針を刺し、空気が通るようにする。

4.

p.15と同様に電気毛布で包み、34〜36℃で24時間保温する。

5.

【混ぜる①】袋の口をあけて、袋の上から米をもんで混ぜる。中の米をほぐして、空気を入れる。

6.

上からトントン落としてガスを抜く。

7.

平らにしながら空気を抜き、口をしっかりとじる。再び、電気毛布で包み、35〜38℃で6時間保温する。

8.

【混ぜる②】混ぜる前の状態。菌糸が全体に回って米粒どうしがくっついている。

9.

混ぜる①と同様にほぐし、口をとじて電気毛布で包み、38〜42℃で20時間保温する。

10.

完成。

ガラスボウル

厚手のものがおすすめです。
保温力があり均一に麹を温めることができます。
汎用性に優れており、熱湯、オーブンでの直焼き、
電子レンジなど幅広い方法で殺菌できて
衛生さを保てます。

1.

米を洗うところから種麹をふるまでは、p.12〜14と同様にする。

2.

【保温する】種麹をまぶした米をスプーンでドーム状に整えて乾いたさらしをかぶせる。

3.

皿などふたになるものをのせ、p.15と同様に電気毛布で包み、34〜36℃で24時間保温する。

4.

【混ぜる①】ふた、さらしをはずす。ボウルの周りが結露していたらふき取る。手で、米全体をほぐし混ぜる。

5.

表面をならして平らにし、乾いたさらし、皿をのせる。再び、電気毛布で包み、35〜38℃で6時間保温する。

6.

【混ぜる②】混ぜる前の状態。米の表面に菌糸が回って白濁している。

7.

混ぜる①と同様にほぐし、さらし、皿をかぶせて電気毛布で包み、38〜42℃で20時間保温する。

8.

完成。

memo

完成すると、ボウルからそのまま出せるぐらい固まっている。バットなどに取り出し、両手をこすり合わせてほぐすと、発酵が止まる。

ヨーグルトメーカー

温度設定、タイマー機能が
あるものがおすすめ。
保温中の温度と時間の
管理が必要ないので楽です。
麹以外の発酵食品もつくれます。

1.

米を洗うところから種麹をふるまでは、p.12〜14と同様にする。

2.

【保温する】種麹をまぶした米をスプーンですくってポリ袋に移す。最初の24時間は湿度が必要なので、乾燥を防ぐため、ポリ袋に入れる。

3.

ギュギュッとまとめて空気を抜き、袋の口をくるくる回してとじる。口はしばらなくてよい。袋全体に1cm間隔で針を刺し、空気が通るようにする。

4.

ヨーグルトメーカーに入れる。ふたをし、35℃に設定して24時間保温する。

5.

【混ぜる①】ヨーグルトメーカーから袋を出して口をあけ、米をほぐして混ぜ、空気を入れる。

6.

ヨーグルトメーカーにさらしを敷き、袋から米を移す。さらしをかぶせ、ふたをして35℃に設定。米を温度計ではかり、35〜40℃になるよう調節し4時間保温。

7.

【混ぜる②】混ぜる前の状態。米の表面に菌糸が回って白濁し、ひと固まりになっている。

8.

米は、ヨーグルトメーカーに入れたまま、手でほぐして全体を混ぜる。

9.

表面を平らにならして、同様に35〜36℃に設定。米を温度計ではかり、38〜42℃になるよう調節して16〜20時間保温。

10.

完成。

番外編 少量で仕込む ポケット麹

人間の体温、約36℃は麹菌が繁殖するのにぴったりの温度。
自分の体温で麹菌を育てられます。手入れは、朝・昼・夕方・晩の6時間ごと、
ポケットから袋を出して混ぜ、口をあけて空気を入れ替えるだけ。
ただし、しょっちゅう取り出すと温度が下がってしまうので注意しましょう。
ポケット2つなら1人で約180g、家族3人なら540gの麹ができます。
つくるなら、気温の高い6月から9月までがベスト。
袋はやわらかくて伸縮性のある、低密度ポリエチレン製のものを使いましょう。

【材料】できあがり約90g
白米…80g
種麹（米用）…0.1g

1.

米を洗う、水に浸ける、水を切るまでは、p12、13と同様にし、米を蒸す。さらしに米を包んで、中火の強で40分蒸す。

2.

蒸し米をボウルに出し、スプーンで上下を入れ替えながら広げ、粗熱が取れたら、種麹をふって混ぜる。

3.

蒸し米をスプーンですくってポリ袋に移す。

4.

蒸し米をまとめて空気を抜き、袋の口をくるくる回して軽くしばる。袋全体に1cm間隔で針を刺し、空気が通るようにする。

5.

ポケットに入れて24時間、体温で保温する。夜寝るときは、布団の中に入れて温度が下がらないようにする。

6.

24時間後からは朝・昼・夕方・晩に混ぜる。袋の上からよくもんで、全体を混ぜる。袋の口をあけて中の空気を入れ替える。

7.

ポケットに入れてから50〜60時間後、完成。

memo

ポケットで仕込むと、つくっている人間が常に動いているので、できあがりは固まらず、バラバラの状態。

MUGI KOJI

麦麹

麦麹があると、麦味噌はもちろん、米麹と麦麹の合わせ味噌もできます。
仕込んだ発酵食品に香ばしさと甘さが出るのも特徴。
ここでは、手軽な押し麦を使って仕込みます。

麦麹をつくる

【材料】できあがり約360g
押し麦… 300g
種麹（麦麹用）… 0.3g

麦麹の原料は大麦で、外皮を削った精白麦を使います。外皮はかたいので、皮がついていると麹菌が繁殖できないのです。味噌屋では、70％まで削った丸のままの丸麦で麹をつくりますが、ここでは押し麦を使います。

押し麦をおすすめするのは、入手がしやすく、水分調整などが楽なためです。押し麦はスーパーでも普通に扱っていますし、丸麦と違って一度蒸してから平らにつぶしているので、水分を吸収しやすく火も通りやすく、初心者でも失敗しにくいのです。

押し麦も米と同様に蒸してから仕込みます。蒸し上がったら40℃以下になるまで冷まします。米の場合、冷ますのは45℃以下ですが、これは麦のほうが水分を逃がしにくく、麹菌が成長中の温度が上がりやすいためです。また、水を吸いやすいので、さっと洗ったら米のように浸漬はせず、水を切っている間に吸水させます。

麦麹があれば、麦味噌、米麹と麦麹の合わせ味噌、ご飯のおともの金山寺味噌やもろみ納豆などもつくれます。おなじみの甘酒、塩麹などをつくってもいいでしょう。米麹とは違う、香ばしさを楽しんでください。

麦麹づくりの工程表

日程	作業の内容（所要時間）	麦の温度	目安の時刻
1日目	・麦を洗う ・水を切る（20分） ・蒸す（30〜40分） ・粗熱を取る ・種麹をふる	35〜40℃	AM 8:00
	・保温する（24時間）	35℃	AM 10:00
2日目	・容器に広げる ・保温する（4時間）	35〜38℃	AM 10:00
	・全体を混ぜる① ・保温する（4時間）	38〜40℃	PM 2:00
	・全体を混ぜる② ・保温する（16時間）	40〜43℃	PM 6:00
3日目	・完成 ・乾燥させる		AM 10:00

▶ 洗い

▶ ザル上げ

1. 麦を洗う

押し麦は流水でさっと2～3回、洗う。浸漬はしない。

2. 水を切る

押し麦をザルに上げて、20分おいて水を切る。その間に麦が吸水する。ザルを斜め45度にするとよく切れる。

▶ 蒸し

▶ 蒸し取り

3. 蒸す

蒸し器にさらしを敷き、押し麦を入れる。鍋にたっぷりの湯を沸かし、蒸し器をのせる。蒸気が上がったら蒸し始め。中火の強で30～40分蒸す。

4. 粗熱を取る

押し麦をボウルに出し、スプーンで上下を入れ替えながら広げ、40℃以下になるまで冷ます。

蒸し上がったら、p.13と同様に「ひねりもち」をして、かたさを確認する。米のようには伸びないが、つぶして中までやわらかければよい。かたい場合はさらに10分蒸す。

▶ 種切り

▶ 包み込み

5. 種麹をふる

押し麦に種麹を2回に分けてふる。1/2量をふってスプーンで全体を混ぜ、残りの1/2量をふって混ぜる。種麹が飛んでしまうので、風のない場所でする。

6. ポリ袋に移す

押し麦をスプーンですくってポリ袋に移す。空気を抜いて手でまとめてひとまとまりにする。

▶ 盛り

7. 保温する（→24時間）

容器に入れてふたをする。電気毛布で包み、35℃で24時間保温する。

8. 容器に広げる（→4時間）

袋の上からよくもんで1粒ずつバラバラにする。袋から出して容器に広げる。温度計をさし、ふたをして電気毛布で包み、35〜38℃で4時間保温する。

【麹の状態】
菌糸が成長し始め、麦の表面にポツポツとした白い点が出てくる。

▶ 仲仕事

▶ 仕舞仕事

9. 全体を混ぜる① (→4時間)

全体をよく混ぜ、同じくふたをして電気毛布で包み、38〜40℃で再び4時間保温する。

【麹の状態】
菌糸が成長し、麦の表面に3〜5割広がる。

10. 全体を混ぜる②

全体をよく混ぜて表面をならす。

▶ 出麹

11. 花道をつくる (→16時間)

指で筋をひき、凸凹（花道）をつくる。p.17の**12**のように、ザル、湿らせたタオルをかぶせ、電気毛布で包み、40〜43℃で16時間保温する。

【麹の状態】
菌糸が成長し、麦の表面に5〜8割広がる。

12. 完成

麦が固まって表面に産毛のように毛が見えていれば完成。p.18、19のようにバラバラにし、乾燥させると保存できる。

【麹の状態】
全体に菌糸が成長して白っぽくなっている。

麹菌のはなし
その①

日本の発酵食品に欠かせない3種の麹菌

　麹をつくるときに必要な菌、麹菌はカビの一種で、キノコや酵母菌とも同じ真菌類の仲間です。蒸した米、大豆、麦などの穀物にカビである麹菌を繁殖させた菌の集合体が麹です。麹づくりで使われる「種麹」は、その麹菌の胞子を集めたものです。

　どんな穀物を使うか、その麹で何をつくるか。その目的によって種麹も使い分けしますが、それは麹菌にも種類があり、それぞれ性質が違うためです。

　米用、麦用の種麹として主に使う麹菌は、**アスペルギルス・オリゼー**です。オリゼーとは、イネの学名「オリザ・サティバ」のオリザからつけられました。もとはイネの周辺に共生している野生のカビだったものです。オリゼーは、太古の日本でヒトが麹をつくり続けていく中で、麹をつくるのに最適な特徴を持つ菌になっていきました。その名の通り、米との相性がよく、でんぷんを分解するのが得意です。ニホンコウジカビ、黄麹菌とも呼ばれます。

　では、アスペルギルス・オリゼーといわれる菌がすべて同じかというとそうではなく、オリゼーの中でも性質の違いがあります。例えば、でんぷんを分解する酵素・アミラーゼを多くつくる性質を持つものは酒や甘酒に、たんぱく質を分解する酵素・プロテアーゼを多くつくる性質があるものは味噌をつくる際に使われます。また商品としての種麹は、複数種の性質の違う麹菌を目的に合わせ、最適に組み合わせて販売されています。

　醤油用の種麹で使われている麹菌は、主に**アスペルギルス・ソーヤ**です。ソーヤとは大豆のこと。大豆、つまりたんぱく質を分解するのが得意な菌です。醤油麹菌とも呼ばれます。昔はアスペルギルス・オリゼーの一種といわれてきましたが、今は性質や形態の違いから別の種類として分類されています。ショウユコウジカビとも呼ばれます。

　焼酎用の種麹の菌は、**アスペルギルス・リュウキュウエンシス**（またはリュウチュウエンシス）です。琉球（沖縄）の泡盛製造の際の麹から発見されたため、この名前がつきました。泡盛や焼酎づくりなどの温暖な地域での蒸留酒製造に使われます。麹の成長過程でクエン酸を生成するのが特徴で、胞子が黒いのが黒麹菌、胞子が白いのが白麹菌と呼ばれます。それぞれの麹菌については、このあとのコラムでもう少しくわしく説明します。

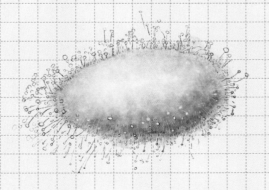

KURO KOJI SHIRO KOJI

黒麹・白麹

黒麹、白麹は焼酎を仕込む際に使う麹です。
黒麹菌は沖縄にもともといた野生の菌といわれます。
ほかの麹と違って、発酵の際、クエン酸を出すのが特徴です。

黒麹・白麹をつくる

【材料】できあがり 350〜360g＊
白米… 300g
種麹（焼酎用黒麹または焼酎用白麹）… 0.3g

＊麹のできあがり重量は、原料の1.1〜1.2倍。できたては1.2倍だが、時間がたつと乾燥して軽くなるので、1倍程度になる。

　黒麹菌は泡盛麹菌、または焼酎用麹菌とも呼ばれ、昔から沖縄の泡盛の醸造に使われていた菌です。白麹菌は黒麹菌の突然変異で生まれたもので、色素をつくるDNAが欠損しています。黒麹、白麹は、両方とも焼酎づくりに使われますが、白麹菌のほうが菌として強いため麹がつくりやすく、また作業する際も白麹のほうが洗浄、掃除などもしやすいため、現在の焼酎づくりのほとんどは白麹が中心です。

　家庭では焼酎をつくれないのに、なぜこの本で黒麹や白麹のつくり方を紹介するかというと、この麹でつくる甘酒がとてもおいしいからです。黒麹菌と白麹菌はほかの麹菌と違ってクエン酸をつくるため、黒麹、白麹で仕込んだ甘酒は、柑橘と同じさわやかな酸味が加わり、甘酸っぱくなるのです。病みつきになるおいしさで、甘酒の独特な風味が苦手という人にもおすすめ。これをつくれるというだけでも、黒麹、白麹をつくる意味はあります。

　ここでは、黒麹のつくり方を紹介していますが、もともと同じ菌ですので、白麹も基本的につくり方は変わりません。黒い胞子が繁殖する姿はまた独特で、麹を育てる楽しさを改めて感じられます。

黒麹・白麹づくりの工程表

日程	作業の内容（所要時間）	米の温度	目安の時刻
1日目	・米を洗う ・水に浸ける（24時間）		AM 9:00
2日目	・水を切る（10分） ・蒸す（40〜60分） ・粗熱を取る ・種麹をふる	35〜45℃	AM 9:00
2日目	・保温する（24時間）	35〜38℃	AM 10:00
3日目	・容器に広げる ・保温する（4時間）	36〜40℃	AM 10:00
3日目	・全体を混ぜる① ・保温する（4時間）	38〜42℃	PM 2:00
3日目	・全体を混ぜる② ・保温する（16時間）	34〜38℃	PM 6:00
4日目	・完成 ・乾燥させる		AM 10:00

黒麹菌。粒状種麹といって、米の周りに菌を繁殖させたもの。茶こしでふるって胞子を蒸し米に落とす。パウダー状のものもある

1. 米を洗う

流水で水が透明になるまで洗う。「とぐ」必要はない。ざっとでよい。

2. 水に浸ける（→24時間）

米をたっぷりの水に24時間浸けて吸水させる。気温が高く、水が温まったら入れ替える。

米の吸水加減を確認。米1粒を親指と人さし指でつぶして粉になれば吸水は十分。これを「かし」という。透明なかたまりが残るなら吸水不足で菌が米全体に回らない。

3. 水を切る

米をザルに上げて、10分おいて水を切る。ザルを斜め45度にするとよく切れる。

4. 蒸す

蒸し器にさらしを敷き、米を入れる。鍋にたっぷりの湯を沸かし、蒸し器をのせる。蒸気が上がったら蒸し始め。中火の強で40〜60分蒸す。

蒸し上がったらp.13と同様に、「ひねりもち」で、蒸し上がりを確認する。まとまらない場合はさらに10分蒸す。

▶ 蒸し取り

▶ 種切り

5. 粗熱を取る

蒸し米をボウルに出し、スプーンで上下を入れ替えながら広げ、45℃以下になるまで冷ます。

6. 種麹をふる

蒸し米に種麹を2回に分けてふる。1/2量をふってスプーンで全体を混ぜ、残りの1/2量をふって混ぜる。種麹が飛んでしまうので、風のない場所でする。

▶ 包み込み

24時間後
▶ 盛り

7. 保温する（→24時間）

蒸し米をスプーンですくってポリ袋に移す。空気を抜いてまとめてひとまとまりにする。p.15と同様の容器に入れてふたをする。電気毛布で包み、35〜38℃で24時間保温する。

8. 容器に広げる（→4時間）

袋の上からよくもんで1粒ずつバラバラにする。袋から出して容器に広げる。温度計をさし、ふたをして電気毛布で包み、36〜40℃で4時間保温する。

【麹の状態】
米の表面が白っぽくなり一部黒い胞子が見える。

KURO KOJI / SHIRO KOJI

▶仲仕事　　　　　　　　　　　▶仕舞仕事

9. 全体を混ぜる① (→4時間)

全体をよく混ぜ、同じくふたをして電気毛布で包み、38〜42℃で再び4時間保温する。

【麹の状態】
菌糸が成長し、米の表面に5割ほど広がる。

10. 全体を混ぜる②

全体をよく混ぜて表面をならす。

▶出麹

11. 花道をつくる (→16時間)

指で筋をひいて凸凹（花道）をつくる。p.17と同様、ザル、湿らせたタオルをかぶせ、電気毛布で包む。ゆっくり温度を下げ、34〜38℃で16時間保温。

【麹の状態】
菌糸が成長し、米の表面に7〜8割広がる。

12. 完成

黒麹は表面が3割ほど黒い胞子におおわれてきたら完成。白麹は基本の米麹と同じ。p.18、19のようにバラバラにし、乾燥させると保存できる。

【麹の状態】
米の表面全体に産毛のように菌糸が伸び、黒い胞子が2〜3割広がる。

COLUMN #2

> 麹菌のはなし
> その②

長い歴史の中で育まれ、選ばれてきた菌

日本固有の菌

　麹菌は、和食文化を形づくる基本調味料としての味噌や醤油、酒、酢などの発酵食品づくりに欠かせません。日本の食文化を豊かにしてきた菌として、日本醸造学会では「国菌」と認定しています。

　中国や韓国にも伝統的に麹はありますが、大陸の麹は生のまま粉砕した穀物を水でこねただんご状のものに自然にカビを生えさせたもので、「餅麹」と呼ばれます。そのカビはクモノスカビやケカビが多く、麹菌とは別の種類が主流です。こうしたカビの発生には、小麦や雑穀の粉を麺や包子にする大陸の粉食文化がベースにあります。

　対して日本の麹は、粒状の蒸し米にコウジカビを繁殖させるので、「散麹」と呼ばれます。麹菌はもともとイネについていた菌で、田んぼが身近で米を粒のまま食べる、温暖湿潤な日本だからこそ生まれた日本固有の菌です。このように発酵文化は、その地域の自然環境と、そこに生きるヒトの営みの中から発生してくるのがわかります。

麹菌を扱う職業

　奈良時代の『播磨国風土記』には、神様にお供えした蒸し米についたカビで酒をつくった、という記述があり、この頃からカビの生えた穀物で酒が醸造されていたことがわかっています。鎌倉時代には、「麹座」という麹を専門に製造・販売する職人の組合ができています。その後の室町時代には、木灰を使った麹菌の培養技術も確立しています。この時代にカビの胞子を純粋培養して販売するビジネスが日本にあったことは驚きです。もやし屋または種麹屋とも呼ばれ、世界最古のバイオビジネスといわれています。現代に続く種麹を専門に製造・販売する種麹屋ができたのは、この時代と考えられています。

醤油専用の麹菌

　昔の醤油蔵では、できのよかった麹を一部とっておき、次の麹づくりの種にして麹をつくる「友麹」という手法で醤油麹をつくってきました。

　醤油麹は米麹と違い、保温の際、30℃前後の低温で育てます。これは、醤油麹に大豆を使うためです。大豆は温度が高いと納豆菌に侵されやすく、そうなると麹がうまくできません。そこで、豆味噌蔵や醤油蔵では大豆が納豆化しない低温で代々つくり続け、その結果、低温でも成長し、かつ大豆のようなたんぱく質が豊富な培地でも繁殖する性質を持つ、豆味噌や醤油づくりに適した麹菌が選抜されたのです。この麹菌が**アスペルギルス・ソーヤ**です。

　こうして麹から発酵食品をつくり続けてきた歴史が、それぞれの食品に適した麹菌が選抜され、現在の豊かな発酵食文化につながっています。

41

GENMAI KOJI

玄米麹

玄米は外皮がかたいので、ちょっとだけ発芽させます。
こうすることで、米に麹菌が回りやすくなります。
麹ができたら、玄米甘酒、玄米麹をつくってみましょう。

玄米麹をつくる

【材料】できあがり 330 〜 360g
玄米…300g
種麹（米麹用）…0.3g

　玄米麹は白米の麹とつくり方は基本的に変わりませんが、いくつか気をつけたい点があります。1つは温度。玄米は、白米よりたんぱく質が多く、温度が上がりやすいので、発酵を始める前の温度を白米より低くします。その後も高温になりやすく、ちょっと気を抜くと 40℃以上になります。50℃を超えると麹菌が死んでしまうので、気をつけましょう。

　2つめは納豆菌。たんぱく質が多いと、納豆菌が繁殖しやすいのです。仕込むときは納豆を近くにおかないほうがいいでしょう。

　3つめは蒸す前の米の処理。白米と違い、玄米は浸漬し発芽させてから蒸します。これは、玄米がそのままでは外皮がかたく、麹菌が繁殖できないからです。発芽させることで米と皮の間にすき間ができ、そこから菌糸が入り込むことができるのです。

　玄米麹だけで甘酒をつくると、米の粒々が残るので若干飲みにくく、また白米の麹と比べて糖を分解する酵素・アミラーゼが少ないので甘さが出ません。ですので、玄米麹で甘酒を仕込むときはご飯と一緒のほうが甘くなります。味噌の場合も同様で、甘さが出にくいので麹を増やし、大豆1：玄米麹2〜3ぐらいにするとうま味と甘みのバランスがよくなります。玄米麹の特徴を知ったうえで、発酵食品づくりに取り組んでください。

玄米麹づくりの工程表

日程	作業の内容（所要時間）	玄米の温度	目安の時刻
1日目〜3日目	・玄米を洗う ・水に浸ける（3〜4日）		AM 8:00
4日目	・水を切る（10分） ・蒸す（60〜90分） ・粗熱を取る ・種麹をふる	35〜40℃	AM 8:00
	・保温する（24時間）	34〜36℃	AM 10:00
5日目	・容器に広げる ・保温する（4時間）	35〜38℃	AM 10:00
	・全体を混ぜる① ・保温する（4時間）	38〜42℃	PM 2:00
	・全体を混ぜる② ・保温する（16時間）	38〜45℃	PM 6:00
6日目	・完成 ・乾燥させる		AM 10:00

1. 米を洗う

流水で玄米を洗う。

2. 水に浸ける（→3〜4日）

たっぷりの水に、発芽するまで3〜4日浸ける。暑い時期は毎日水を替えるか、冷蔵庫に入れる。または42℃の温水に12時間浸けてもよい。発芽を確認したら取りかかる。

浸水後の玄米（左）は、全体がふっくらし、ちょっとだけ発芽している。発芽することで外皮にすき間ができ、そこに菌糸が入ることができる

3. 水を切る

玄米をザルに上げて、10分おいて水を切る。ザルを斜め45度にするとよく切れる。

4. 蒸す

蒸し器にさらしを敷き、玄米を入れる。鍋にたっぷりの湯を沸かし、蒸し器をのせる。蒸気が上がったら蒸し始め。中火の強で60〜90分蒸す。

▶ 蒸し取り

▶ 種切り

5. 粗熱を取る

玄米をp.13と同様に「ひねりもち」でかたさを確認し、やわらかければボウルに出し、スプーンで上下を入れ替えながら広げ、40℃以下になるまで冷ます。「ひねりもち」では、白米のように一体化しないが、ちゃんと伸びる。

6. 種麹をふる

玄米に種麹を2回に分けてふる。1/2量をふってスプーンで全体を混ぜ、残りの1/2量をふって混ぜる。種麹が飛んでしまうので、風のない場所でする。

▶ 包み込み

24時間後
▶ 盛り

7. 保温する（→24時間）

玄米をスプーンですくってポリ袋に移す。空気を抜いてまとめてひとまとまりにする。p.15と同様の容器に入れてふたをする。電気毛布で包み、34〜36℃で24時間保温する。

8. 容器に広げる（→4時間）

袋の上からよくもんで1粒ずつバラバラにする。袋から出して容器に広げる。温度計をさし、ふたをして電気毛布で包み、35〜38℃で4時間保温する。

【麹の状態】
バラバラの状態。玄米の皮が割れた部分から白い菌糸が入り込んでいる。発酵臭もしてくる。

GENMAI KOJI

▶ 仲仕事

▶ 仕舞仕事

9. 全体を混ぜる① (→4時間)

全体をよく混ぜ、同じくふたをして電気毛布で包み、38〜42℃で再び4時間保温する。

10. 全体を混ぜる②

全体をよく混ぜて表面をならす。

▶ 出麹

11. 花道をつくる (→16時間)

指で筋をひき、凸凹（花道）をつくり熱を逃がす。p.17の12のように、ザル、湿らせたタオルをかぶせ、電気毛布で包み、38〜45℃で16時間保温。

12. 完成

麹1粒ずつに菌糸がフサフサと成長していれば完成。p.18、19のようにバラバラにし、乾燥させると保存できる。

【麹の状態】
菌糸が入り込んだ米が全体に広がっている。

【麹の状態】
玄米の内側に菌糸が成長し、外側にも菌糸が生えてきた。蜂蜜みたいな濃厚な香りがする。

SHOYU KOJI

醤油麹

醤油は手づくりのハードルが高いと思われがちです。
でも、麹さえできれば塩水と混ぜるだけ。
あとは、時間がおいしくしてくれます。

⇒醤油麹…ここでは醤油に米麹を混ぜた調味料のことではなく、
醤油をつくるための小麦や大豆を原料とした麹を指す。

醤油麹をつくる

【材料】できあがり 580〜630g
大豆（乾燥豆）… 250g
小麦（玄麦）*… 230g
種麹（醤油麹用）… 約1g

＊粉ではなく、外の皮のついた粒の状態の「玄麦」。スーパーなどでは売っていないので、ネット通販、栽培農家から直接買う。

醤油づくりは麹づくり

　醤油は、大豆と小麦でつくった麹に塩水を混ぜて、発酵・熟成させた調味料です。醤油づくりは「一麹、二櫂、三火入れ」といい、麹づくりが一番大事とされます。逆に、麹さえ上手にできれば半分成功ともいえるのです（「櫂」は櫂入れのことで仕込んだあとのもろみを混ぜること、「火入れ」はしぼったあとに発酵を止めるため加熱すること）。

　麹ができたら、あとは塩水を加えて半年から1年待つだけ。その間、麹と塩水で仕込んだもろみが麹菌によって分解され、醤油への変化も日々観察でき、まるで生き物を育てているような楽しさがあります。

たんぱく質がうま味に、でんぷんが甘みに

　発酵を始めるスターターである醤油麹に塩水を加えることで発酵が始まります。麹菌が酵素を出し、大豆や小麦のたんぱく質をアミノ酸に、でんぷんを糖に分解し、それが醤油のうま味や甘みになるのです。

　ここでつくるのは濃口醤油ですが、小麦と大豆と塩の配合を変えることでいろいろな醤油がつくれます。例えば、小麦が少量でほぼ大豆でつくった麹で仕込めばうま味の強い「たまり醤油」に、少量の大豆で小麦を中心につくった麹で仕込めば甘めのあっさりした「白醤油」に、と醤油麹づくりをマスターすれば好みの醤油がつくれるようになります。

　しぼりたての自家製醤油でうどんや刺身を食べるとそのおいしさは格別で、香ばしさや複雑なうま味が堪能できます。今回の仕込みでできる醤油は約900mℓ。家庭で1年間消費する醤油をすべて自家製でまかなおうとすると大変かもしれません。でも一度つくると、醤油のでき方がわかり、市販品を選ぶときの目安ができます。原料の大豆も小麦ももともとは種で、まけば芽を出す生命力のかたまり。そんなふうに感じると、醤油の一滴一滴を大事に味わいたくなります。

醤油麹と塩水を混ぜた「もろみ」の状態。ここから半年かけて熟成させる

醤油麹づくりで使う道具

基本的には米麹づくりと同じですが、玄麦を炒る、砕く工程があるので、そのための道具が必要になります。ビンは醤油の仕込みで使います。

【道具】
・蒸し器
・フライパン
・霧吹き
・フードプロセッサー
・ステンレスバット
・スプーン
・さらし
・温度計
・電気毛布
・粉ふるい、茶こし

醤油麹づくりの工程表

日程	作業の内容（所要時間）	豆の温度	目安の時刻
1日目	・大豆を水に浸す（24時間）		AM 8:00
2日目	・大豆の水を切る（30分） ・大豆を蒸す（60～90分） ・小麦を炒る（15～20分） ・小麦を砕く（10分）		AM 8:00
2日目	・大豆と小麦を混ぜる ・種麹をふる ・保温する（24時間）	30～36℃	AM 10:00
3日目	・全体を混ぜる① ・保温する（6時間）	28～32℃	AM 10:00
3日目	・全体を混ぜる② ・保温する（18時間）	28～32℃	PM 4:00
4日目	・完成		AM 10:00

SHOYU KOJI 49

> ## 材料の下処理

種麹をふる前の下処理がじつは醤油麹づくりの一番大事な作業。
大豆は水分が多すぎると雑菌が繁殖しやすいので水はしっかり切ります。
小麦を炒るのはでんぷんを加熱によってアルファ化させるため。
ムラなく色づくよう時間をかけて炒ります。

1. 大豆を水に浸す（→24時間）

大豆を3倍以上の量の水に24時間浸け、しっかり吸水させる。容量が2.5～3倍に増える。

2. 大豆を蒸す

せいろに乾いたさらしを敷き、大豆を移し、中火で60～90分蒸す。大豆はゆでてもよいが、蒸すとうま味が逃げない。

24時間後、ザルに上げて30分おいて水を切る。ザルを斜め45度にするとよく切れる。水気が残っていると、蒸し上がりの大豆がベチャッとして雑菌が繁殖しやすくなる。

大豆を指ではさんで蒸し加減を見る。力を入れずにつぶせるくらいやわらかければ蒸し上がり。かたいと、菌糸が伸びず、醤油に味が出ない。

3. 小麦を炒る

フライパンに小麦を入れ、中火でから炒りする。火が強すぎると表面だけ焦げるので注意。ときどき霧吹きで水をかけながら、ゆっくりと中まで火を通す。10〜15分すると小麦が1.5倍にふくらんでくる。

4. 小麦を砕く

炒った小麦をフードプロセッサーで砕く。玄麦はかたいので、様子を見ながらかけたり止めたりを繰り返す。粉末7割、割れた粒3割ほどを目安に引き割る。割れた粒が残っていることですき間ができて空気を含み、麹菌が繁殖しやすくなる。

トータル15〜20分して色ムラがなくなり全体がツヤのある茶色になったら炒り上がり。1粒かじって、ボロッとくずれ香ばしい味がすればOK。うま味や甘みもある。炒った小麦はバットに取り出す。

バットに移し、広げて冷ます。フードプロセッサーがない場合は、時間はかかるが、すり鉢ですりつぶしてもよい。

炒った小麦（左）と炒る前の小麦。炒った小麦はぷっくりと膨らみ、表面はキツネ色になりツヤがある。

SHOYU KOJI

> ## 麹をつくる

蒸した大豆はそのままだと雑菌が繁殖しやすいのですが、
そこに砕いた焙煎小麦を加えることで水分が調整でき、麹菌が優位になる環境ができます。
醤油麹の麹菌は比較的低温でも増えるので温度管理もしやすいです。

5. 大豆と小麦を混ぜる

蒸した大豆をバットに移し、大豆が60℃以上の熱いうちに砕いた小麦をかける。

6. 種麹をふる

大豆と小麦が36℃以下に冷めたら、種麹を全体にふる。3回に分けてふるので、1回で全部ふり切らない。

大豆に小麦の粉をまぶすようにスプーンで混ぜながら温度も下げる。大豆全体に粉が吹いたような状態になる。温度が36℃に下がるまで冷やす。

バットの底をスプーンで返しながら全体を混ぜる。再び種麹をふり、スプーンで混ぜる。これを3回繰り返し、種麹をまんべんなく行き渡らせる。表面を平らにする。

【麹の状態】
蒸した大豆と砕いた小麦を混ぜた状態。

【麹の状態】
種麹をふった状態。

7. 保温する（→24時間）

バットにラップをかぶせる。結露がひどいときは布巾をかぶせてから、ラップをする。電気毛布でバットを包み、30℃±2℃で24時間保温する。温度計は入れたまま。34℃以上にはならないようにする。

8. 全体を混ぜる①（→6時間）

バットを電気毛布から出す。スプーンで端から大豆をくずす。底で麹菌が増えているので返すように混ぜる。

ときどき温度をはかり、34℃を超えるようなら電気毛布から出してスプーンでほぐし、冷気にあてて温度を下げる。

スプーンで表面をならし、できるだけ凹凸をなくす。ラップをして電気毛布で包んで28〜32℃で、6時間保温する。

保温中は結露が出るので、大豆に水が落ちないようキッチンペーパーなどでラップの内側、バットの縁をふき取る。水分が多いと雑菌が増える。

【麹の状態】
大豆の表面に白い菌糸が成長してくる。

SHOYU KOJI 53

6時間後

18時間後

9. 全体を混ぜる② (→18時間)

バットを電気毛布から出し、スプーンで混ぜる。菌糸が広がり固まっているので、1粒ずつになるようにほぐす。

10. 醤油麹の完成

バットを電気毛布から出す。醤油麹の完成。

スプーンで表面を平らにならす。ラップをして電気毛布で包み、28〜32℃で18時間保温する。

【麹の状態】
麹菌が増殖しているので、大豆が白っぽくなっている。

板状にかたまっているので、底から持ち上げるようにスプーンで返し、大豆が1粒ずつになるようにほぐす。

【麹の状態】
表面にふわふわと菌糸が広がっている。

| 麹菌のはなし
その③ | **進化し続ける麹菌の使い方** |

クエン酸をつくる黒麹菌・白麹菌

　黒麹菌、**アスペルギルス・リュウキュウエンシス**は、沖縄の暑い環境の中で生まれ育った菌で、泡盛や焼酎などの蒸留酒の製造に使われています。沖縄や九州のような高温多湿下での酒づくりは雑菌が繁殖しやすく、焼酎のもろみが腐敗したり、酸っぱくなったりする可能性があります。しかし黒麹菌はクエン酸を生成することで生育環境のpHを下げて、雑菌の発生を抑制するので、安全に酒をつくることができます。

　黒麹菌は、明治時代に琉球（沖縄）で発見され、クエン酸を生成する麹菌というその優位性から、それまでアスペルギルス・オリゼー、黄麹菌を使っていた九州の焼酎づくりでも黒麹菌が使われるようになりました。その後、大正時代に鹿児島の河内源一郎が胞子の白い突然変異株を発見。これを分離培養したのが白麹菌です。黒麹菌より白麹菌のほうが、酵素の働きが比較的強く、作業環境もよくなるので（黒い胞子は道具や作業着が汚れやすい）、今では、多くの焼酎蔵では白麹菌で仕込んでいます。

食材×麹菌＝新しい麹文化

　近年は、黒麹菌・白麹菌のクエン酸を生成する特性が、焼酎以外の発酵食品、また日本酒にも広く活用されています。日本酒の味の一要素である酸をつくる際に、これまでは乳酸菌や酵母菌の生成する酸を利用してきましたが、白麹菌を使うことでクエン酸による軽くキレのあるさわやかな酸味を演出できるようになりました。クエン酸を含む飲料は、冷やすことでより爽快感や輪郭をハッキリと感じやすいので、白麹を使った日本酒は、冷やしてワイングラスなどで飲むのに適したものが多いです。

　ほかにも糀屋では、黒麹や白麹そのもの、黒麹で仕込んだ黒い甘酒、クエン酸を活用した甘酸っぱい甘酒などが販売されています。

　新しい活用は黒麹菌、白麹菌だけではありません。海外では、現地の豆と麹菌で仕込んだ味噌、古代小麦を使った醤油、肉に麹を培養した肉麹などがつくられています。ビーツなど野菜に麹菌を培養してうま味を凝縮させたり、麦麹そのものに菌糸を過剰に繁殖させて板状につくり、それをテンペのように焼いて食べたりします。このように食材と麹菌の組み合わせは世界中で試行錯誤され、新しい麹の世界が広がりつつあります。

醤油をつくる

【材料】できあがり 800～900mℓ
醤油麹…p.54 でつくった分・約 600g
塩 … 220g
水 … 660mℓ

さまざまな微生物が働いて
醤油の色・味・香りに

　醤油麹と塩水を混ぜたものを「もろみ」といいます。もろみは時間がたつとだんだん褐色になり、大豆や小麦が溶けてトロトロになります。これは、麹菌、乳酸菌、酵母菌などの微生物により発酵・熟成が進むからです。

　まず醤油麹を塩水に混ぜると、もろみの中の非耐塩性の微生物が死滅します。同時に麹菌の出す酵素で、大豆や小麦のたんぱく質がアミノ酸に、でんぷんが糖に分解されます。これが醤油の味、うま味や甘みをつくります。次は、そのアミノ酸や糖を栄養源として増える耐塩性の乳酸菌、酵母菌の出番。乳酸菌は糖を分解して乳酸や酪酸をつくり、酸味ができます。酵母菌は糖をアルコールなどに変えて、それが香りに。こうして、醤油独特の味、色、香りがつくられます。

　もろみも半年もたつと褐色になります。これは、もろみに含まれる糖分とアミノ酸からメイラード反応によってメラノイジンという褐色物質ができるためです。ドロドロになるのは、麹菌の酵素が大豆と小麦を分解するからです。

仕込みは秋から春に
しぼりは夏を越してから

　もろみの仕込みは、低温からスタートし、だんだん温度を上げていくのが理想なので、秋から春までがよいでしょう。夏、もっとも気温の高い8月はおすすめしません。真夏に仕込むと、もろみに雑菌が繁殖しやすく、味のバランスもくずれがちです。もし真夏に仕込む場合は、冷蔵庫の野菜室に1カ月おいてから、25℃以下の場所におきましょう。

　もろみの固体と液体を分離させることをしぼり、圧搾といいます。トータルで8カ月以上おき、なおかつ夏を越してからしぼります。夏を越して温度が上がることで酵素が働き、大豆が分解されてうま味がさらに増し、香りも出てきます。

　ただし、長くおけばいいというものでもありません。2年以上おくと、うま味が減ってしまいます。これはアミノ酸のグルタミン酸がピログルタミン酸という味を感じないアミノ酸に変化してしまうからです。12月に仕込んだなら、翌々年の12月までにはしぼりたい。おいしい適期を逃さず、上手に使い切りましょう。

【仕込んだ直後】
大豆と麦、塩水が分離した状態

【半年後】
褐色になり、発酵してドロドロの状態

醤油づくりで使う道具

まず、仕込みで必要なのはガラスビン。そのほかの道具は半年後にあれば大丈夫です。写真でビンに入っているのは、熟成後のもろみです。

【道具】
- 2ℓのふた付き広口ビン
- コーヒードリッパー（4杯分程度）
- 醤油を受ける容器（200mℓ以上）
- さらし（30cm角）
- レードル（果実酒用の柄の長い小容量がおすすめ）
- 小鍋
- 温度計

醤油づくりの工程表

日程	作業の内容（所要時間）	もろみの温度
1日目	・仕込み（もろみ）	25℃以下
2日〜1週間	・混ぜる（毎日）	25℃以下
1カ月まで	・混ぜる（週1回）	25℃以下
2カ月まで	・混ぜる（週1回）	25℃以下
3カ月まで	・混ぜる（月2〜3回）	25℃以下
3〜8カ月	・混ぜる（月1回）	30℃以下
8カ月以降	・もろみの完成 ・もろみをしぼる ・火入れする（10分） ・澱を沈殿させる（30分） ・こしてビンに移す ・醤油の完成	

＊上の表では、もろみの温度を25℃以下としているが、夏は30℃超えても問題ない。夏は気温が上がることで酵母菌が活発化し、炭酸ガスが出ることがあるので、密閉しないようにして攪入れを増やしてガスを抜く。

1. もろみをつくる

仕込み用のビンに塩と水を入れ、透明になるまでビンをふって塩を溶かし塩水をつくる。醤油麹を加える。塩水の中では麹は浮く。

2. 手入れ

【仕込んで1週間】できるだけ涼しい場所におき、25℃以上にならないようにする。1日1回、もろみをすりこ木やマッシャーなどで大豆をつぶさないよう、上下を入れ替えるように混ぜる。ビンをふると、酸素が入りすぎて酸化しやすくなる。

【1カ月まで】1週間に1回、もろみを同様に混ぜる。涼しい場所で25℃以上にならないようにする。

【2カ月まで】1週間に1回、もろみを同様に混ぜる。ガスがたまって表面が盛り上がるようなら、混ぜてガス抜きをする。発酵がさかんになる時期。

【3カ月まで】月に2〜3回、もろみを同様に混ぜる。2カ月までと同様にガスがたまらないように気をつける。

【8カ月まで】1カ月に1回、もろみを同様に混ぜる。気温が上がってくると表面に白い膜（産膜酵母）が出てくるので混ぜて沈める。発酵が落ち着いてくる。

【8カ月〜1年半】熟成の完了。

⇒もろみの表面や、ビンの内側にカビが出たら、カビを取り除き、きれいにふき取る。

ビンを両手で持ち、激しく上下にふって麹と塩水をしっかり混ぜる。

麹と塩水の混ざった「もろみ」ができる。しばらくおくと、麹と水分は分離してくる。直射日光や暖房の当たらない場所において熟成させる。目の届きやすい場所におくと手入れするのを忘れず、麹の変化も観察できる。

> ## しぼりと火入れ

熟成した醤油は、なめておいしければしぼって使ってみましょう。
ここではコーヒードリッパーを使った、少量ずつしぼる方法を紹介します。
火入れすると、殺菌され、たんぱく質や油も取り除きやすく、香りや色もよくなります。

3. もろみをしぼる

コーヒードリッパーの上にかたくしぼったさらしを広げて、下に醤油を受ける容器をセットする。もろみをすくい、さらしの真ん中に落とす。ドリッパーがいっぱいになるまでもろみを入れる。もろみの重みで醤油が滴り落ちるので、30分ほどそのままおく。

4. 火入れする

しぼった醤油を鍋に入れる。80℃以上にならないよう、温度計ではかりながら弱火で温める。

水分が落ちてもろみがペースト状になったら、さらしの四隅を持ち上げて、手で回しながらしっかりしぼる。

80℃をキープしながら、10分ほど弱火で加熱する。表面に浮いてくる白いもやもやはたんぱく質が凝縮したもの。火を止めたら冷めるまでおく。

1回で約200mℓ取れる。これが「生揚げ醤油」。

コーヒードリッパーにキッチンペーパーなどを広げてこす。これで、油分やたんぱく質、残渣(麦麹のかすなど)が取り除かれる。これが「生醤油」。ビンなどに入れて冷蔵庫で保存する。

COLUMN #4

左から調味料やだしを足した「だし醤油」（つくり方はp.85）、火入れしただけの「生醤油(きじょうゆ)」、しぼっただけの「生揚げ醤油(きあげじょうゆ)」。それぞれ少しずつ色が違う

生醤油(なまじょうゆ)と生醤油(きじょうゆ)の違い

　最近は火入れしていない「生醤油(なま)」がよく流通していますが、ここで紹介している自家製醤油とは何が違うのでしょうか。
　まず、前ページの「3. もろみをしぼる」でしぼったものは「生揚げ醤油(きあ)」と呼ばれます。これはしぼったままの醤油のことです。食品加工の現場では使われていますが、一般に流通することはほぼなく、味わえるのは醤油の醸造元か手づくりした人だけ。火入れ前と違うやわらかな香りがあります。刺身などで味わってみてください。
　生醤油(き)というときは、ここでは前ページの「4. 火入れする」でこしたあとのものです。調味料やだしなどを足していない醤油を指す呼び方です。
　そして、生醤油(なま)。これは、文字通り火入れをしていない、濾過だけをした醤油で、メーカーでの精密な濾過で菌や酵母などが取り除かれています。火入れをしていないので、加熱調理したときにここで初めて「火入れ香」が立つのが特徴です。

麹を使ったいろいろ

麹がつくれるようになると、さまざまな発酵食品が手づくりできます。
天然酵母のパン、麦麹や玄米麹の味噌、甘酒、ポン酢、醤(ジャン)など、
料理の幅も広がり、日々の食事がよりおいしく楽しくなります。

酒種パン をつくる

米と米麹を種にした天然酵母のパンづくりです。
生地は、米麹由来のやさしい香り。
これでピザも酒まんじゅうもつくれます。

　天然酵母というと、ぶどうやりんごなどの果物についた酵母菌を増やして使うことがよくありますが、酒種パンは、米や麹についた酵母菌を使います。そこで、麹のパンづくりでは、まず酵母菌の働く環境をつくるところから始めます。

　それが、「そやし水」づくりです。そやし水とは、生米とご飯と水を混ぜて乳酸発酵させた、酸っぱい水です。そやし水の酸っぱさのもとは乳酸菌。乳酸菌は雑菌の繁殖を防ぐので、酵母菌が働きやすくなるのです。そやし水に米と米麹を加えることで、麹の酵素によって米のでんぷんやたんぱく質が糖やアミノ酸に分解され、酵母菌がそれをエサにしてアルコールと炭酸ガスを出します。ここで働いているのが、酒種酵母です。

　このそやし水づくりの工程は、「菩提酛」「水酛」といった室町時代の酒づくりと同じ。市販の酵母菌は使わない、身近にいる微生物を利用したつくり方です。手間はかかりますが、一度できた酵母菌は、麹とご飯と水を加えて継いでいくことで、半永久的に使えます。

　酒種酵母はそのまま飲んでもおいしいですが、アルコールが含まれているのでご注意ください。

STEP 1 酒種酵母

酒種づくりで使うのは米と水と米麹だけ。
そやし水で酸性の環境をつくって雑菌の繁殖を抑え、
そこに米麹を加えて酵母菌を働かせます。

そやし水の仕込み

【材料】
米…200g（洗う）
ご飯…50g
水…300g

【道具】
・2ℓのふた付き広口ビン
・小さい泡立て器（ビンに入るサイズ）

1.

ビンに水を入れ、洗った米、ご飯を加える。

2.

泡立て器で表面を混ぜてご飯を細かくくずし、水に空気を含ませる。こうすることで酵母菌が元気になる。

3.

常温に5～7日間おき、毎日泡立て器でよく混ぜてご飯を溶かす。水温は24～28℃が適温。

4.

5日後
完成。表面に小さな気泡が見え、米の間からも気泡が出て発酵している。

本仕込み

【材料】できあがり800～900g
そやし水とそやしの生米
　　…仕込んだ量
炊飯用の水…200g
米麹…150g（ほぐしておく）

1.

そやし水仕込みの米をザルにあけて、米と水（そやし水）に分ける。そやし水は取っておく。

2.

1の米を水200gで炊く。鍋に入れてふたをし、沸騰まで中火、沸騰したら弱火で8分、火を止めて8分蒸らす。

3.

ビンに **1** のそやし水と米麹を入れ、木べらやマッシャーでよく混ぜ合わせる。密閉できれば、ビンごとふって混ぜてもよい。

4.

2 のご飯が炊けたら、ボウルやバットに取り出し、へらなどで混ぜ、50℃以下に冷ます。

5.

ご飯が冷めたら、**3** の容器に加え、全体をマッシャーやスプーン、へらで均一になるようよく混ぜ合わせる。

6.

25〜28℃で24時間おく。途中12時間で、米が水を吸ったらマッシャーで混ぜてつぶす（櫂入れ）。室温が25℃以下なら電気毛布で保温。

7.

24時間後

常温において毎朝1回櫂入れする。**6** で酵母菌がしっかりと増えていれば、あとは暑い時期も寒い時期も室温において問題ない。

8.

3日後

3〜7日で泡が上がって酵母菌が元気になってくる（発酵）。たまに味見をして、発酵の状態をチェックする。甘み、酸味が出て、アルコール発酵もしてくる。

9.

発酵が一度落ち着いたら酵母の使いどき。味を見て甘みや酸味、アルコールの香りがすれば完成。保存する場合は冷蔵庫へ。ザルで軽くこし、米と液体に分けてもいい。

---

memo

酵母の継ぎ方

酵母が完成したら、小ビンに少量移し、米麹・ご飯・水を1:2:3の割合で足して混ぜる。1日常温におくと酵母菌が増殖し、泡が上がってくる。ふたをあけてガスを抜いてから冷蔵庫で保存する。

STEP 2 酒種パン

水分が多いので生地はやさしく扱いましょう。
外はカリッ、中はしっとりのハード系のパンに焼き上がります。

【材料】なまこ形1個分
強力粉…200g
酒種酵母…20g（粉の10％重量）
水…120g（粉の60％重量）
砂糖…10g（粉の5％重量）
塩…3g（粉の1.5％重量）
打ち粉（強力粉）…適量

1.

酵母、水、砂糖、塩をボウルに入れ、泡立て器で砂糖が溶けるまで混ぜる。

2.

強力粉を加え、ゴムべらで粉っぽさがなくなるまでざっくり混ぜる。ラップをして常温に15分おく。おいておくことで粉が水分を吸う。

3.

ゴムべらで生地全体を混ぜる。ゴムべらで持ち上げてたたきつける工程を繰り返し、グルテンをつくる。ラップをして15分おく。

4.

ゴムべらで3と同様に混ぜ、ラップをしてさらに15分おく。

5.

3と同様に混ぜる。だんだんなめらかになってくる。ラップをして30分おく。

6.

手を水でぬらして、生地を下からひっぱり上げ、手前に折る。90度回転させて、再びひっぱり上げて折る。

7.

これを繰り返してふた回りさせる。こうしてグルテンに気泡を折り込む。上下を返して再びラップをして30分おく。

8.

6、7と同様に折り、ラップをして常温に12～24時間おく（一次発酵）。気泡ができ生地が2倍になる。ゆっくり発酵させるなら冷蔵庫に入れる。

9.

ゴムべらで生地をボウルからはずし、6、7と同様に折りたたみ、まとめなおして1時間おく（パンチング）。

10.

上から生地全体に茶こしで粉をふる。粉をふった作業台に取り出し、さらに粉をふる。指で押し、全体を四角くなるよう広げる。

11.

手前からひと折り、奥からひと折りする。さらに右からひと折り、左からひと折りする。

12.

生地をまとめ直し、ボウルに入れ、ラップをかけて15分おく（ベンチタイム）。

13.

生地を手にのせて丸め直す。オーブンシートの上に、なまこ形にまとめてのせ、乾いた布巾をかけて15～30分おく（二次発酵）。

14.

1.5倍に膨らむ。オーブン（あればスチーム入り）を280℃に温める。予熱が完了したら粉をふる。

15.

ナイフでクープ（切り込み）を入れる。オーブンを250℃に下げて15分焼く。天板の奥と手前を入れ替え、200℃に下げてさらに10～15分焼く。

玄米味噌

② 味噌 をつくる

麹があれば、あとは大豆、塩をそろえれば
味噌はできます。麹の違いが味噌の種類の違いです。
米麹から甘味噌、麦麹でつくる麦味噌、
玄米麹でつくる玄米味噌を紹介します。

麦味噌

甘味噌

甘味噌

米麹の酵素が働いて、米を甘みに、大豆をうま味に分解します。
この味噌は初めの24時間を温めて発酵を早めるので、
夏なら2〜3カ月ででき、やや甘めの仕上がりです。

【材料】できあがり 2〜2.2kg
米麹… 700g
大豆… 500g
塩… 100g ＋約150g＊（麹とゆでた大豆の13％重量）
好みの味噌… 約100g
　（市販品でよい。好みの香りの非加熱のものを選ぶ）

【道具】
・味噌を仕込む容器　・マッシャー
・大鍋　　　　　　　・落としぶた
・ザル　　　　　　　・電気毛布

＊ゆで大豆の重量は毎回違うので、はかってから塩の量を決める。
ここで示した数値は大豆をゆでると約2.3倍の重さになると
想定した目安の量（ゆで大豆1150ｇの13％）。

1.

一晩浸水した大豆を1〜2時間ゆでる。その間に、米麹をほぐして100gの塩を混ぜておく。

2.

大豆が親指と薬指で簡単につぶれるぐらいやわらかくなれば、ザルに上げる。ゆで汁は取っておく。

3.

ゆで上がりの大豆の重さをはかり、大豆の13％の塩を加え、熱いうちにマッシャーなどでつぶす。

4.

60℃以下になったら1の麹を加えてよく混ぜる。水分が足りなければゆで汁を加えて通常の味噌よりやわらかめにする。その場合、ゆで汁の13％の塩を足す。

5.

手で丸めて味噌玉をつくる。

6.

味噌玉を投げつけるようにして圧着させて容器に詰める。最後にすき間ができないように上から押して空気を抜く。

7.

表面に好みの味噌を塗ってならし、落としぶたかラップをして表面を密閉する。完成している味噌の菌が発酵をよい方向に向かわせ、さらに酸素に触れにくくしカビの発生も防ぐ。

8.

味噌の入った容器を電気毛布で50℃に温め、一晩保温する。

> **memo**
> 9で低温にせず、初めから常温で2〜3カ月おいてもよい。週1回はふたをあけてチェックし、表面にカビが生えたら取り除く。

9.

容器やふたの結露をきれいにふき取り、落としぶたをして密閉し、冷蔵庫または冷暗所（5〜10℃）に1週間ほどおく。低温にして雑菌を抑え、優良な乳酸菌を増やす。

10.

常温で2〜3カ月おく。1カ月後に1回、天地を返す。表面にテカリやツヤが出て、味を見て甘みやうま味があり、香りがよく塩がこなれていれば、完成。

玄米味噌

玄米麹で仕込む味噌は香ばしい味と独特のコクが特徴。
白米の麹の味噌とはまた違ううま味を感じます。
乾燥した玄米麹は発酵に時間がかかるので、
できたての麹を使います。

【材料】できあがり約500g
玄米麹…200g*
大豆…100g
塩…26g＋約30g**（麹とゆでた大豆の13％重量）

＊麹：大豆＝2：1。
　玄米麹は普通の米麹と比べて酵素が少ないので麹を多めにする。
＊＊大豆はゆでると約2.3倍の重さになると想定した目安の量
　（ゆで大豆230gの13％）。

1. 一晩浸水した大豆を2～3時間ゆでる。
2. 大豆をゆでている間に、玄米麹に塩26gを加えて、ミキサーにかけて粉砕する。麹を細かくすることで酵素を働きやすくし、分解を早める。
3. 大豆が指でつぶせるぐらいやわらかくなったら、ザルに上げて水を切る。
4. ゆで大豆の重さを量り、大豆の13％の塩を加え、熱いうちにマッシャーなどでつぶす。
5. 60℃以下になったら2の麹を加えてよく混ぜる。
6. 味噌玉をつくって圧着させて容器に詰め、最後に上から押して空気を抜く。落としぶたをして密閉し、味噌と同じ重さの重石をのせる。
7. 冷暗所に6～12カ月おいて発酵・熟成させる。

麦味噌

麦麹と大豆でつくる味噌で、素朴な甘みと麦の香りがします。
おもに西日本でよく使われており、
味噌汁はもちろん、きゅうりなどの
野菜に添えてもおいしいです。

【材料】できあがり約600g
麦麹…300g*
大豆…100g
塩…40g＋約30g**（麹とゆでた大豆の13％重量）

＊麹：大豆＝3：1。
　麦麹は米麹と比べて酵素が少ないので麹を多めにする。
＊＊大豆はゆでると約2.3倍の重さになると想定した目安の量
　（ゆで大豆230gの13％）。

1. 一晩浸水した大豆を2～3時間ゆでる。
2. 大豆をゆでている間に、麦麹に塩40gを加えて、ミキサーにかけて粉砕する。麹を細かくすることで酵素を働きやすくし、分解を早める。
3. 大豆が指でつぶせるぐらいやわらかくなったら、ザルに上げて水を切る。
4. 大豆の重さを量り、大豆の13％の塩を加え、熱いうちにマッシャーなどでつぶす。
5. 60℃以下になったら2の麹を加えてよく混ぜる。
6. 味噌玉をつくって圧着させて容器に詰め、最後に上から押して空気を抜く。落としぶたをして密閉し、味噌と同じ重さの重石をのせる。
7. 冷暗所に6～8カ月おいて発酵・熟成させる。

③ 甘酒 をつくる

甘酒は、適度に温めることで麹に含まれる酵素が働き
ご飯のでんぷんがブドウ糖に分解されることでできます。
基本のつくり方は同じですが、麹を変えることで、
いつもと違った味わいの甘酒ができます。

甘酒

白米の甘酒

基本の、白米の麹を使ったつくり方です。
ご飯をに米麹を混ぜ、炊飯器で保温します。
できあがった甘酒は、料理にはそのまま使いますが、
飲む場合は好みの濃度に希釈しましょう。

memo
ヨーグルトメーカーを使う場合は、炊き立てのご飯に水、ほぐした米麹を合わせてヨーグルトメーカーに入れ、58℃に設定し、12時間保温する。途中1〜2回、混ぜる。

【材料】約2ℓ分
米…2合（約300g）
米麹…山盛り2カップ（320〜350g）
水…1.5〜2カップ（炊飯用の水とは別）

【道具】
・保温機能のある炊飯器＊
・温度計
・木べら
・ゴムべら
・計量カップ
・布巾

＊夏なら保温性の高い土鍋や鋳物の鍋などでよい。途中で温度が下がったら火にかけて50℃まで上げる。

1.

炊飯器で普通の水加減で米を炊く。炊きたてのご飯に、分量の水を少しずつ加えて木べらで混ぜながら冷ます。

2.

温度をはかり、65℃まで下がればよい。温度計がない場合は指ではかる。指を入れて3秒我慢できるのが65℃ぐらい。

3.

麹をほぐして加え、麹やご飯がダマにならないようよく混ぜる。55〜60℃であればよい＊。

＊でんぷん分解酵素が働く（糖化の）適温は50〜58℃。甘酒づくりでは、50℃以下になると糖化時間が伸び、雑菌も繁殖するので温度は下げない。60℃以上になると酵素残存率が急激に低下するが、50℃なら変化しない。酵素が働きやすく雑菌も繁殖しない、58℃±2℃で保温するとよい。

4.

ゴムべらで釜の縁や周りに米粒が残らないようきれいにし、表面をならして平らにする。

5.

ぬれ布巾をかけ、ふたをあけたまま、58℃±2℃で8〜12時間保温する。途中、6時間ぐらいたったら全体を混ぜる。ぬれ布巾が乾いたら、もう一度ぬらす。

6.

米が溶けて甘くなっていれば完成。甘さが足りなければ、保温を3〜6時間延長する。密閉容器に移して冷蔵庫で約1カ月、もしくはファスナー付きポリ袋に入れ、冷凍庫で半年保存できる。

黒麹甘酒・白麹甘酒

黒麹・白麹にはクエン酸が含まれているので
酸味のきいたさわやかな甘酒になります。
冷やすとさらに清涼感が増します。

【材料】約250g分
黒麹*… 100g
水… 150g
*白麹でつくる場合も分量、つくり方は同じ。

1. 黒麹と水を合わせてヨーグルトメーカーに入れる。
2. 58℃に設定し、12時間保温する。途中1〜2回、混ぜる。
3. できあがったら冷蔵庫でよく冷やす。氷を入れてロックで、または冷水や炭酸で割って飲む。

　⇒クエン酸は、ミカンやレモンなど柑橘と同じ酸味成分。
　　冷やすと味の輪郭がハッキリするので、
　　たくして飲むのがおすすめ。
　⇒炊飯器を使ったつくり方はp.73を参照。

玄米甘酒

玄米麹と玄米ご飯で仕込む甘酒には
独特のコクとうま味があります。
赤米や黒米でつくると、
色や風味もまた変わります。

【材料】約450g分
玄米麹… 100g（ほぐす）
玄米ご飯… 150g
水… 200g

1. 玄米麹と玄米ご飯、水を合わせてよく混ぜ、ヨーグルトメーカーに入れる。
2. 58℃に設定し、12時間保温する。途中1〜2回、混ぜる。

　⇒白米の麹、黒麹、白麹は、麹だけで甘酒になるが、
　　玄米麹は皮がかたく溶けにくく、甘みも出にくいので
　　玄米ご飯と一緒に仕込む。
　⇒炊飯器を使ったつくり方はp.73を参照。

---

memo
甘酒の活用

甘酒は米からできたやさしい甘さの飲み物ですが、その性質である甘み・うま味・とろみを活かし、漬け床や調味料としても使えます。漬け床としては、昔から地方で大根漬けやニシン漬けなどに使われてきました。うま味も保存性も増し、魚の場合は生臭みもとれます。調味料としては、炒め物に使うといいですね。甘酒のおかげで、水分や調味料、油が混ざって乳化しやすくなり、とろみがついて油っぽさもなくなり、さらに甘み、うま味が加わるのです。スパイスと組み合わせると、中国や韓国の料理でおなじみの「醤」もつくれます。

/ 大根のなた漬け \

\ ニシン漬け /

そやし水を使って

乳酸発酵したそやし水の特性を活かすと
長時間の発酵熟成がなくても
酸味のきいたすしがつくれます。

酒の肴にぴったりの即席なれずし
鯛のそやしなれずし

【材料】4cm×4cm×19cmのパウンドケーキ型1個分
そやし水
　| 米…1カップ（2～3回さっと洗う）
　| ご飯…1カップ
　| 水…3カップ
刺身用の鯛…1さく
塩…鯛とそやし水の全体量の2％重量

1. p.64と同様にそやし水を仕込む。
2. 保存容器に水気をふいた鯛を入れ、1のそやし水をひたひたになるまで注ぎ、塩を加えて混ぜ、鯛をよくもみ、密閉して冷蔵庫に一晩おく。
3. 残ったそやし水をザルにあけて、米と水（そやし水）に分ける。
4. 3の米を普通に炊いてボウルなどに取り出し、塩（飯の1％重量）をふって切り混ぜ、手でさわれるまで冷ます。3のそやし水を大さじ3～6、ご飯がしっとりするまで加え、冷蔵庫で冷ます。2の鯛を取り出し、刺身状に切る。
5. 型に、全体が包めるくらいの大きさにラップを敷く。
6. 底に鯛を並べ、その上に4のご飯を敷き、押し固める。全体をラップで包む。
冷蔵庫で半日寝かせて完成。さらに1～3日
7. 寝かせるとおいしい。切り分けてそのまま、もしくは醤油で食べる。菊の花を散らすときれい。

甘酒 を使って

甘み、うま味、とろみがある甘酒は調味料でもあり、漬け床にもなります。同じ発酵食品なのでお酒にも合います。

ご飯にのせても酒の肴にしても
塩甘酒漬けの卵黄ご飯

【材料】1杯分
卵黄…1個分
| 甘酒…適量
| 塩…甘酒の8％重量
温かいご飯…1杯分
醤油（あれば白醤油）、わさび…少々

1. 甘酒に塩を加え、火にかけて糖化を止める（塩甘酒）。冷ましておく。
2. 小さな容器に卵黄を入れ、ひたひたに浸かるぐらい塩甘酒を入れる。
3. 冷蔵庫で一晩から3日おく。
4. 卵黄をスプーンで取り出し、ご飯にのせて好みでわさびや醤油をかける。

⇒余った卵白の活用法：沸騰させただし汁に泡立てた卵白を入れるとふわふわになる。そこにゆでうどんを入れる。
⇒漬けた卵黄は冷蔵庫で1週間保存できる。

ゆず風味で酒がすすむ一品
ゆずの香りの麹納豆

【材料】
納豆…好みの量
甘酒…適量
塩…納豆と甘酒の5％重量
ゆずの皮…少々（好みで）
赤唐辛子…1本（好みで）

1. 保存容器に納豆を入れ、納豆がひたひたに浸かるぐらい甘酒を入れる。
2. 1の重さの5％の塩を加えてよく混ぜる。好みでゆずの皮を加えて混ぜる。器に盛り、トッピングに赤唐辛子をのせる。

⇒冷蔵庫で1カ月保存できる。

塩辛のような味わいが楽しい
干しスルメイカの甘酒漬け

【材料】
干しスルメイカ…好みの量
甘酒…適量
米酢、塩…それぞれスルメイカと甘酒の3％重量

1. イカをはさみでひと口大に切る。
2. 保存容器にイカを入れ、イカがひたひたに浸かるぐらい甘酒を入れる。一晩おいてイカをやわらかくする。
3. 重さをはかり、酢と塩を加えてよく混ぜる。
   ⇒冷蔵庫で1カ月保存できる。

魚介のうま味がたっぷりのぜいたくな味
発酵宝漬け

【材料】4〜6人分
生食用サーモンのブロック…180〜230g（1さく）
　甘酒…50〜70g
　塩…5〜7g（甘酒の10％重量）
イクラの醤油漬け（もしくは生筋子の塩甘酒漬け*）
　…80〜120g
乾燥ホタテの貝柱…2〜3個
昆布…3cm角
甘酒…適量
塩…甘酒の2〜3％重量

1. 甘酒に塩を加えて混ぜる（塩甘酒）。
2. サーモンは塩甘酒に漬け、冷蔵庫で一晩おく。ひと口大に切る。
3. ホタテと昆布は水に入れて冷蔵庫で一晩おいて戻す。ホタテは手で繊維に沿って割き、昆布はせん切りにする。
4. サーモン、イクラの醤油漬け、ホタテ、昆布を合わせて保存容器に入れる。
5. 甘酒をひたひたに浸かるまで加え、塩を加えて混ぜ、味を調える。
   ⇒冷蔵庫で1週間保存できる。

＊生筋子を40〜50℃、3〜4％塩分の塩湯に浸けてから手でほぐし、膜から1粒ずつイクラを取り出す。再度、きれいな塩水に浸して汚れを取り、流水で薄皮を取り除き、ザルに上げて水気を切る。イクラの16〜20％重量の塩甘酒を混ぜて冷蔵庫に一晩おく。

甘酒ペペロン醤

ウマミソ・コチュジャン

甘酒麻辣醤

④ 甘酒を使った醤をつくる

甘酒をスパイスと組み合わせたり、
熟成させたりしてできた醤は、
甘みや辛みをつけるだけでなく、料理を奥深い味に仕上げます。
ここでは、基本の白米の麹からつくった甘酒を使います。

甘酒ペペロン醤

スパイスを油に漬けると、香りや辛みが油に抽出され、
そこに甘酒を入れるとさらに味に深みが出て、素材にもからみやすくなります。

【材料】200mℓ分
甘酒… 100g
にんにく… 3個（みじん切り）
赤唐辛子… 5個（種を除き、粗みじん切り）
オリーブオイル… 80g
パセリ… 5g（みじん切り）
塩… 15g
黒こしょう… 1g

1. フライパンにオリーブオイルとにんにくを入れて中火にかけ、にんにくが茶色くカリッとするまで加熱する（a）。火が強すぎる場合は、火を止めて余熱で火を通す。
2. 赤唐辛子を入れ、パセリを加えて火を止める。甘酒、塩、黒こしょうを加えて混ぜる。ビンなどに入れて保存する。冷蔵で2〜3カ月もつ。

⇒ゆでたじゃがいもと和えたり、ピザにかけたり、イカやタコなどの魚介類と一緒に炒めてもいい。

ウマミソ・コチュジャン

コチュジャンは麦芽ともち米を発酵させたものに、
唐辛子を加えた韓国の調味料。ここでは、麦芽ともち米を甘酒に代えてつくります。

【材料】200mℓ分
甘酒… 100g
白味噌… 50g
豆味噌… 10g
韓国産唐辛子粉末… 20g
塩… 10g

1. すべての材料をよく混ぜる（a）。ビンに入れて3日ほどおくと、塩がこなれる。冷蔵で2〜3カ月もつ。

⇒さっと炒めたりゆでたりした素材と和えるだけでもよく、白身魚の刺身につけて柑橘をしぼってもおいしい。

甘酒麻辣醤（マーラージャン）

醤の甘さ、素材にからまるとろみをつけるのが甘酒の役割。
何にでも合うのでシンプルに、かけて、和えて、のせてみてください。

【材料】250mℓ分
A｜にんにく… 30g（みじん切り）
　｜しょうが… 20g（みじん切り）
　｜ごま油… 80g
B｜赤唐辛子（粉末）… 15〜20g*
　｜粉山椒… 5g
　｜シナモン（粉末）… 2g
　｜八角（粉末）… 2g
C｜甘酒… 100g
　｜塩… 20g

*好みの辛さで量を調節する。あとから加えてもよい。

1. フライパンにAを入れて火にかける。泡が出てきたら弱火にし、にんにくが香ばしく、カリッとするまで加熱する。
2. B、Cをそれぞれ合わせておく。
3. 火を止めた1にBを加えて全体を混ぜ、Cを加えて全体をよく混ぜ、油となじませる。
4. ビンに入れて一晩おく。翌日から食べられる。冷蔵で6カ月もつ。

⇒マニアな人は、ここにさらに好きな香辛料を加えて味を育ててもよい。

甘酒ペペロン醤 を使って

ガーリックトーストのサラダ

ペペロンチーノ

カリッと香ばしいトーストがアクセント
ガーリックトーストのサラダ

【材料】2人分
バゲット…10cm 厚さ
甘酒ペペロン醤…適量
ロメインレタス…5枚ほど

1. バゲットを1cm厚さに切り、さらに半分に切り、ペペロン醤を塗る。トースターでカリッとして焦げ目がつくまで焼く。
2. レタスは洗ってよく水気を切ってちぎり、1と合わせ、ペペロン醤をふって混ぜる。
   ⇒レタスは、ここではロメインレタスを使ったが、なんでもよい。にんじんのスライスなどもおいしい。

パスタと和えるだけで間違いない味に
ペペロンチーノ

【材料】1人分
スパゲッティ…100g
甘酒ペペロン醤…小さじ2〜3（好みで調整）

1. スパゲッティを袋の表示時間通りにゆでる。水を切ったらボウルに移し、ペペロン醤で和える。器に盛る。

甘酒麻辣醤を使って

トマト麻辣豆腐

きゅうりと鶏の麻辣醤和え

夏のおつまみにぴったりな手軽な一品
トマト麻辣豆腐

【材料】2人分
フルーツトマト中玉…3〜4個（サイコロ状に切る）
みょうが…1個（粗みじんに切る）
甘酒麻辣醤…大さじ1
青ねぎ…少量（小口切り）
絹ごし豆腐…1丁

1. トマト、みょうがを麻辣醤で和えて冷蔵庫で冷やす。食べる前によく冷やした豆腐にかけて、青ねぎをのせる。麻辣醤の量は好みで調整する。

あっさり味の素材だから麻辣風味が立つ
きゅうりと鶏の麻辣醤和え

【材料】2〜3人分
きゅうり…1本　　　ゆで卵…2個（縦に4等分）
塩麹…適量　　　　甘酒麻辣醤…大さじ2〜3
鶏むね肉…200g

1. 鶏肉は塩麹を全体にまぶして冷蔵庫で一晩おく。
2. 鍋に湯を沸騰させて、鶏肉を入れる。火を止めてふたをしてそのまま1時間おく（ゆで鶏）。
3. ゆで鶏を食べやすい大きさに手でちぎる。
4. きゅうりは縞になるよう皮をむき、包丁の腹でつぶし、ひと口大に切る。軽く塩（分量外）をまぶす。
5. 2、3、4を合わせ、麻辣醤で和える。

ゆで豚のコチュジャン添え

ウマミソ・コチュジャン
を使って

もやしのナムル

コチュジャンおにぎり

豚とコチュジャンは"鉄板"の組み合わせ
ゆで豚のコチュジャン添え

【材料】2〜3人分
A｜豚ロース肉・ブロック…300g
　｜甘酒…大さじ2
　｜塩…小さじ1（6g・肉の2％重量）
塩…小さじ2
クレソン…適量
ウマミソ・コチュジャン…適量

1. Aをポリ袋などに入れて合わせておき、冷蔵庫で一晩おく。
2. 肉を取り出して鍋に入れ、かぶるぐらいの水と、塩を加える。
3. 火にかけてゆっくり温度を上げ、沸騰したら弱火にして、アクを取り除く。20〜30分ゆでる。
4. 火を止めてふたをして、そのまま冷ます。
5. 冷めたら容器に移して冷蔵庫へ。1週間保存できる。適宜、スライスし、クレソンを添えて、コチュジャンをつけて食べる。

⇒肉は甘酒の代わりに塩麹（肉の10％重量）に漬けてもよい。
　添える野菜は、サンチュやわけぎ、パクチーなど香りが強い野菜がよく合う。スプラウトもよい。
⇒ゆで汁は、豚肉のだしが出ているので、スープなどに使用できる。

もやしはさっと火を通して和えるだけ
もやしのナムル

【材料】つくりやすい分量
もやし…1袋
白ごま…適量
ごま油…適量
ウマミソ・コチュジャン…適量

1. もやしはフライパンに大さじ1の水を加えて炒める。しんなりしたら白ごま、ごま油、コチュジャンを加えて味を調える。

ごまと甘辛いコチュジャンがご飯に合う
コチュジャンおにぎり

【材料】1個分
ご飯…茶碗1杯分
白ごま…適量
塩…適量
韓国のり…2枚
ウマミソ・コチュジャン…適量

1. ご飯に白ごまを混ぜ、手に塩をつけておにぎりをにぎる。
2. のりを巻いて、コチュジャンをのせる。

⇒韓国のりは、普通ののりにごま油をぬって塩をふったもので代用できる。

⑤ 発酵調味料 をつくる

麹を使って味噌、醤油以外の調味料をつくってみましょう。
米麹からは、おなじみの塩麹はもちろん、
醤油麹や玉ねぎ麹も手軽にできます。
白麹を使うと酸味のする味に仕上がります。

醤油麹

醤油に米麹の甘みとうま味が加わります。
炒め物や煮物の味つけに、そのまま料理にかけても。

【材料】220g分
米麹…100g
醤油…120g
昆布…5cm角1枚

1. すべての材料をビンに入れて混ぜ、常温で7〜10日おく。毎日混ぜる。2日目に米麹が醤油を吸って水分が足りなければ、ひたひたになるまで醤油を足す。とろりと熟成したら完成。冷蔵で保存する。

玉ねぎ麹

玉ねぎから水分が出るので水はいりません。
炒め玉ねぎのような風味が出るので、スープや炒め物に。

【材料】つくりやすい分量
玉ねぎ…1個
米麹…玉ねぎの30%重量
塩…玉ねぎと麹の10%重量

1. 玉ねぎをすりおろし、米麹と塩を加えて混ぜる。保存容器に入れて常温で1週間おく。毎日混ぜる。その後は冷蔵庫で保存。全体が溶けて、うま味が出てきたら完成。

白麹ポン酢

白麹菌のクエン酸でポン酢の味になります。
鍋や酢の物、肉料理に使えます。

【材料】約300g分
白麹…100g
醤油…200g
昆布…5cm角1枚

1. すべての材料をビンに入れて混ぜ、常温で1週間ほどおく。2日に1回混ぜる。完成後は冷蔵庫で保存する。

だし醤油

【材料】約350ml分
生揚げ醤油*…200g
酒…100g
昆布…切手大4〜5切れ(3g)
かつお節
　…4本指でひとつかみ分(3g)
みりん…50g
きび砂糖…30g
塩…20g

＊火入れ前のしぼったままの醤油。p.59参照。

1.

酒と昆布を合わせて冷蔵庫で一晩おく。鍋に移して弱火で60℃で10分加熱する。

2.

みりんを加え、沸騰直前まで温度を上げていき、醤油、砂糖、塩を加える。

3.

沸騰直前になったら火を止めて、かつお節を加える。ふたをして10分おく。

4.

コーヒードリッパーにキッチンペーパーを広げて、3をこす。そのまま20分ほどおき、ペーパーを軽くしぼり、水分を落とし切る。

⑥ だし醤油 をつくる

自家製醤油は仕込む際の麹のでき具合によっては、
今ひとつ味や香りが足りないときがあります。
そういうときはだしや調味料を足して
だし醤油にすれば、おいしく使い切れます。

だし醤油
を使って

だし醤油をつくっておけばあとは
漬けるだけ、さっと煮るだけと簡単。
素材を変えて自分なりに
アレンジしてみてください。

トマトのだし醤油煮

アボカドの浅漬け

マグロと卵黄のづけ丼

きゅうりの浅漬け

冷やしてトマトとだしのうま味を味わう

トマトのだし醤油煮

【材料】4人分
トマト…中4個
あればアスパラガス…2本
だし醤油…50g（約40mℓ）
塩…ひとつまみ
水…150mℓ

1. トマトは皮を湯むきする。アスパラガスは下の方の薄皮をむき、3cm長さに切る。
2. 鍋に水、だし醤油、塩を入れて火にかけ、沸騰させる。
3. 2にアスパラガス、トマトの順に入れて弱火にし、落としぶたをする。ひと煮立ちしたら火を止める。
4. そのまま冷まして、だしの味と香りをしみ込ませる。容器に移して冷蔵庫で冷やす。
5. トマトを食べやすい大きさに切り分けて、アスパラガスと一緒に盛り合わせる。
   ⇒アスパラガスは、スナップえんどうや
   　さやえんどうに代えてもよい。

アボカドはだし醤油との相性よし

アボカドの浅漬け

【材料】つくりやすい分量
アボカド…2個（正味300g）
だし醤油…60g（アボカドの20％重量・50mℓ）
あればレモンの皮…適量

1. アボカドは縦半分に切り、種を取り除き、皮をむく。
2. そのままポリ袋に入れ、だし醤油を上から回しかける。空気を抜いて口をとじ、だし醤油を全体に浸透させる。つぶれないようにバットなどに入れて冷蔵庫で一晩おく。
3. 食べやすい厚さに切り、レモンの皮をすりおろして散らす。
   ⇒アボカドは漬物にするなら少しかためでもよい。
   ⇒レモンのさわやかな香りがアボカドの
   　アクっぽさを消す。

いくらでも食べられるあっさり味の漬物

きゅうりの浅漬け

【材料】つくりやすい分量
きゅうり…3本（正味300g）
だし醤油…30g（きゅうりの10％重量・25mℓ）
しょうが…薄切り2枚分

1. きゅうりは味がしみやすいように、皮をまだらにむき、へたとおしりを落とす。
2. 2〜3等分にして、ポリ袋にせん切りにしたしょうがとだし醤油と入れて、空気を抜いて口をとじる。軽くもんで一晩おく。
3. 食べやすい大きさに切る。

ご飯にマグロだけ、卵黄だけでもOK

マグロと卵黄のづけ丼

【材料】4人分
マグロのづけ
　刺身用マグロ…300g
　だし醤油…60g（50mℓ）
卵黄づけ
　卵黄…4個
　だし醤油…30g（25mℓ）
　ご飯、青ねぎ…適量

1. マグロはひと口大のサイコロ状に切り、ポリ袋に入れる。ひたひたになるまでだし醤油を入れ、空気を抜いて口をとじる。
2. 卵黄をふたつきの容器に入れる。だし醤油をひたひたになるまで入れてふたをする。
3. 1、2を冷蔵庫に入れて一晩おく。
4. 器にご飯を盛り、マグロをのせ、真ん中に卵黄をのせる。青ねぎの小口切りを散らす。

COLUMN #5

麹菌のはなし その④　　**和食文化を守る種麹屋**

室町時代から現在に続く

　種麹屋とは、麹をつくる際に必要な種麹を専門につくっている業者です。600年以上の歴史のある仕事で日本には室町時代から存在し、「もやし屋」とも呼ばれます。日本全国の酒蔵、味噌屋、醤油屋、糀屋、みりん屋、お酢屋など、麹を扱うすべての醸造蔵に必要な種麹を製造・販売しています。

　日本の麹業と、種麹屋の歴史は古く、鎌倉時代には、近畿地方に麹を扱う同業者組合「麹座」が存在し（『石清水八幡宮文書』、1246）、室町時代には、麹の種を専門に扱う種麹屋が誕生しました。現在も、最古の種麹屋として室町時代に京都で創業した糀屋三左衛門（現在は愛知県）、京都には300年以上の歴史のある菱六があります（史料がないのでそれ以上の年代は不明。史料に記載されているのが300年前から）。

殖産興業の推進が醸造業者の増加へ

　明治時代になり、ドイツから微生物学が入ってくると、微生物としての麹菌という概念が生まれ、種麹の製法が科学的に解明されてきました。この時代の日本は、欧米の植民地化に対抗するために近代的な国家形成を目指す富国強兵の時代。国の主導する殖産興業の推進で、都市部では工場労働者などの消費者が生まれます。それまでの多くの日本の地方においては食

料生産に携わり自給してきた農村部の人口の一部が、都市部に移動し、味噌や醤油、酒などを生活必需品としてお金で買うため、日常の発酵食品の需要が増大しました。

　それに伴い、味噌屋、醤油屋、酒蔵などの新規の醸造業者が増え、同時に新規の種麹屋も生まれます。醸造蔵や種麹屋の歴史を調べると、明治から大正時代に創業した中小の醸造関係メーカーは多くあります。しかし、酒や味噌などを仕込むために使う種麹は、米や大豆の原材料に比べれば割合としてごく微量ですから、酒蔵や味噌屋に比べるとそれほど多くの事業者を必要としません。明治から大正時代で数十軒。そして現在、日本にある種麹屋は10軒ほどです[*]。この10軒が日本全国の酒、醤油、味噌、お酢、みりん、糀屋などの各発酵・醸造業者に種麹を供給し、日本の発酵食文化を支えています。

地域の味を守り続ける

　ある種麹メーカーに話を聞くと、「種麹屋の役割は変わらないこと」と話します。味噌や醤油などの調味料は、その地域ならではの味があり、それは変えられない。種が変わると全てが変わる。そのためには、常に同じ味のものができるように、変わらずに、安定し、かつ安全な品質の麹菌を供給し続けなければなりません。

　酒、味噌、醤油、酢、みりんなどは、日本料理の味のベースとなるものです。それを支えているのが種麹屋。種麹屋は日本の食文化の縁の下の力持ちと言えます。何百年も日本食文化の発展を支え、守ってきた存在です。

　家で麹をつくるときにもお世話になる種麹。このような600年以上の文脈の先に今、私たちが台所で麹を楽しんでつくれるありがたさと、麹菌と共生してきた日本人の歴史があります。

[*]味噌、醤油、清酒など多種類の種麹を生産し全国的に活動しているのは秋田今野商店、日本醸造工業、ビオック・糀屋三左衛門、菱六、樋口松之助商店。他に富山（味噌）の石黒種麹店、鹿児島（焼酎）の河内源一郎商店、沖縄（泡盛）の石川種麹店など、地域性のある種麹屋もある。

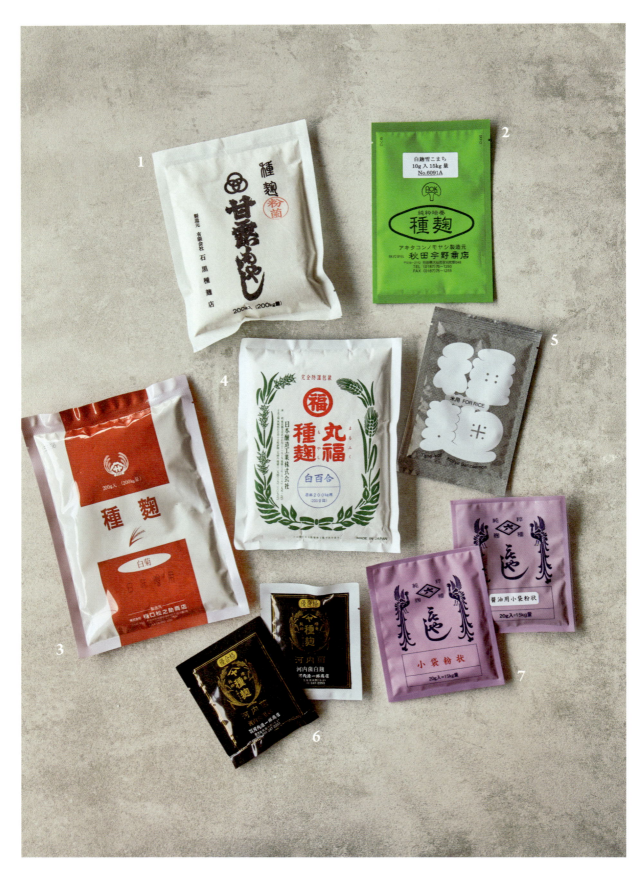

種麹の入手先

以下は、p.88、89でも紹介した種麹屋です。
扱っている種麹の種類、販売する際の単位はそれぞれ違います。
問い合わせてみてください。（2024年10月現在）

1. 石黒種麹店

江戸文政から米麹づくりを始め、種麹屋としては1895年創業。北陸唯一の種麹屋。現在も昔ながらの「こうじ蓋製法」で麹をつくる。

〒939-1652　富山県南砺市福光新町54番地
TEL 0763-52-0128／FAX 0763-52-0184
問い合わせメール e-miso@amber.plala.or.jp
https://www.1496tanekouji.com

2. 秋田今野商店

明治時代から秋田で醤油業を営み、1910年に京都で今野商店を設立（現在は秋田県）。麹原菌培養専用フラスコや黄麹菌の白色変異株などを開発。

〒019-2112　秋田県大仙市字刈和野248
TEL 0187-75-1250（代表）／FAX 0187-75-1255
https://www.akita-konno.co.jp

3. 樋口松之助商店

1855年創業、大阪・阿倍野にあり、「ヒグチモヤシ」の呼称で親しまれる。国内や海外へ麹の技術指導なども通して麹文化を広げている。

〒545-0022　大阪府大阪市阿倍野区
播磨町1丁目14番2号
TEL 06-6621-8781／FAX 06-6621-2550
https://www.higuchi-m.co.jp

4. 日本醸造工業／丸福

1917年、東京・小石川で創業。「丸福」の通称で親しまれる。大学との共同研究や、研究機関と連携し新しい菌の開発にも精力的に取り組んでいる。

〒112-0002　東京都文京区小石川3丁目18番9号
TEL 03-3816-2951／FAX 03-3814-9666
https://www.nihonjouzou.co.jp/company

5. 糀屋三左衛門（ビオック）

室町時代の創業以来600年以上続く。屋号の「黒判」は足利将軍から得た営業許可証を販売袋に墨で刷ったことに由来する。ビオックは研究開発型の関連企業。

〒441-8087　愛知県豊橋市牟呂町内田111-1
TEL 0532-31-9210
https://kojiyasanzaemon.store

6. 河内源一郎商店

1931年、鹿児島で、大蔵省技官として黒麹菌の培養、新種の焼酎用白麹菌の発見・開発に成功した初代・河内源一郎により創業。焼酎業界の発展に貢献。

〒899-6404　鹿児島県霧島市溝辺町麓876-15
TEL 0995-58-2655／FAX 0995-58-3861
https://www.kawauchi.co.jp

7. 菱六

創業300年以上の京都の種麹屋。軒先に江戸時代からの「菱六もやし」の看板がある。麹体験講座など開催し、一般への麹技術の普及にも取り組む。

〒605-0813　京都府京都市東山区松原通
大和大路東入二丁目 轆轤町79
TEL 075-541-4141
https://1469.stores.jp

麹づくりQ&A

オンラインスクール「麹の学校」でよく出る質問をもとにまとめてみました。

Q1

「麹」と「糀」の違いは？

Ⓐ 「麹」はもともと大陸由来の漢字です。中国で麦の粉に水を加えて練っただんごに、自然発生のカビを繁殖させ、それを利用したのが麹の始まりという説があります。麦でつくることが多かったため、漢字にも麦が使われています。それに対して「糀」は、米に花。蒸し米の粒に麹菌が繁殖した様子が、花が咲いたように見えたからといわれ、日本人の美的感覚ならではの和製漢字です。漢字として、「麹」も「糀」もいずれも間違いではありませんが、「糀」は米麹を、「麹」は麹全般を指すときに使われることが多いです。

Q2

日中、仕事をしながら麹はつくれますか？

Ⓐ つくれます。例えば、24時間浸漬した米を、仕事から帰った夜に蒸し、麹づくりをスタートしてもよいでしょう。24時間後、翌日の夜に1回目の混ぜ、その4時間後に2回目の混ぜ。その後、温度を調節して20時間保温・保湿して3日目の夜、ちょうど48時間後に出麹できます。これならすべて家にいる時間で麹をつくることが可能です。

Q3

麹をつくるとき納豆を食べてはダメですか？

Ⓐ 麹をつくるときに納豆菌が混ざるのは好ましくありません。特に大豆でつくる豆麹や麦麹は納豆菌が繁殖しやすいので、つくっている間は食べないほうがよいでしょう。しかし米麹は、納豆菌と育つ環境が違うので、適切な方法でつくれば米に納豆菌が繁殖することはほぼありません。麹づくりにも慣れ、特に米麹が安定してつくれるようになれば、納豆を食べても問題ないでしょう。私も米麹づくりの間によく納豆を食べますが、これまで10年以上、納豆化したことはありません。

Q4

完成した麹の表面が"モフモフ"していませんが、麹として使えますか？

Ⓐ 麹の出来不出来と表面の"モフモフ"はあまり関係ありません。味噌や甘酒などの麹を使った加工品の味を左右するのは、麹菌の生産した酵素の量と種類です。でんぷん分解酵素・アミラーゼが多ければ甘くなり、たんぱく質分解酵素・プロテアーゼが多ければうま味がつくられます。この酵素の多少と"モフモフ"は直接関係なく、麹には加工品に必要な酵素があればいいのです。

酵素は、米などの培地に菌糸が伸びるときにつくられます。菌糸は米の表面や内側に伸びていきます。ただ、"モフモフ"をつくる「毛」は培地から空気中に伸びる、気中菌糸や分生子柄と呼ばれる部分です。その先端に丸い頂嚢がつき、その先にさらに胞子（分生子ともいう）が数珠なりに成長します。植物でたとえると、菌糸が根、分生子柄が茎（"モフモフ"の部分）、頂嚢が花、胞子がタネにあたります。

"モフモフ"と麹の質の話に戻しましょう。酵素は根っこにあたる菌糸でつくられるので、菌糸の成長は生成される酵素の量と種類と関係しますが、"モフモフ"＝毛の成長は見た目の問題です。"モフモフ"していなくても、麹として使えます。

Q5

蒸し米の一部がやわらかいべちゃべちゃのご飯になってしまいました。麹づくりに使えますか？

Ⓐ べちゃ飯は麹には使わないほうがよいです。そこが雑菌の繁殖する汚染源になり、雑菌が時間とともに麹全体に広がってしまいます。べちゃ飯が一部なら、種切り前にその部分のみ取り除きましょう。少しやわらかくベタつくくらいであれば、蒸し取り、放冷の時点で、できるだけ薄く広げて、素早く蒸し米の表面を乾燥させます。それで手につかないくらいになれば、ベストではないですが、使ってもよいでしょう。蒸し米がやわらかい場合は、麹づくり全体を通して、広げるときは薄くし、乾燥気味にしていきます。

Q6

生麹と乾燥麹はどう違う？

(A) 生麹と乾燥麹は水分量が違います。生麹はできあがったままの水分を維持し、やわらかく中はしっとりしています。乾燥麹は p.19のように「枯らし」た麹で、市販品は、生麹を約40℃の温風で12時間ほど乾燥させて水分を飛ばしています。麹菌やカビなどの雑菌も含め、菌が成長できない水分割合なので保存ができます。完全な乾燥麹にすると、原料の生米よりも軽くなります。

甘酒や塩麹、味噌などをつくる場合は、生麹のほうが溶けやすく、乾燥麹は生麹よりかたいため、時間がかかります。また、酵素は時間の経過や加工することで失活するので、酵素量は生麹のほうが少し多い傾向があります。ただ、同じ重量の場合、乾燥麹は軽く麹そのもの量が生麹より多くなるので、酵素の量の差はあまりなく、加工品にはほとんど影響しません。どちらを使っても構いません。

自分で麹をつくった場合、できた当日に使うなら生麹のまま、数日おいたり保存したりするなら乾燥させたほうがよいでしょう。

Q8

カビアレルギーがある場合、麹をつくるときに気をつけることは？

(A) 麹菌はコウジカビなので、体が反応する可能性があります。気をつけたいのは胞子を扱う、種切りと出麹の作業です。種切りの時には、マスクをする。家族がアレルギーの場合は当事者がいないときに作業をする。種切り後はすべての窓を開けて通風し、換気扇をつけてよく換気するなどし、部屋に胞子（種麹）を残さないようにしましょう。

出麹のタイミングは、麹に胞子が成長しないようにできるだけ早めを心がけましょう。出麹が遅れると麹の表面に胞子が成長し、それが出麹の作業のときに空気中に拡散します。胞子は、麹の「毛」の先端につくポツポツ見える小さな丸です。成長が長くなるほど胞子量は増えるので、菌糸が成長した時点で終了し、"モフモフ"する前に出麹しましょう。症状や反応が出た場合は、必ず医師に相談してください。

Q9

麹を手づくりすることのメリットは？

(A) メリットはたくさんあります。
【生活実用的な側面】
①いつでも好きな種類の麹を、欲しい量、手に入れられる。②つくる発酵食品（味噌や甘酒など）が好みの味になるよう、麹づくりで調整できる。
【文化的な側面】
①麹から発酵食品をつくることでそれぞれの過程を知ることができる。②親から子など次の世代への食文化の体験的な継承ができる。③いつでも和食の基本調味料を自分でつくれるという、文化をセルフビルドできる安心感・文化の基礎技術を自分に内包できるというアイデンティティが確立できる。
【個人的な嗜好】
①麹菌などの小さな生き物を育てる体験がただ楽しい（盆栽やたまごっちのように）。②微生物が変化する様、カビが成長していく過程に生命のダイナミズムを感じられる。③文化的かつ科学的な知的欲求も満たせる趣味になる。

麹をつくることで体感できる価値は人によってそれぞれで、何か特定のものを保証するものでもありません。まずつくってみることで、何か得られるものがあると思います。

Q7

失敗した麹は捨てるしかないですか？

(A) 失敗にはいくつかのパターンがあり、捨てたほうがいい場合と捨てなくてもいい場合があります。
①麹が酸っぱい、アルコール臭がする、ほかのカビ、雑菌が混ざっている、などの失敗。これは、べちゃ飯、米がやわらかい、水分過多が原因です。この場合はコンタミネーション（ほかの雑菌が混入した）による失敗なので廃棄しましょう。
②米にまったく麹菌が繁殖していない、ただ米が乾燥しただけの失敗。これは、米の吸水が足りない、蒸し米がかたい、麹づくり中に水分が揮発して乾燥したのが原因です。水分が足りず麹菌が育たなかったのです。これは、米飯が乾燥した「乾飯」の状態です。忍者や戦国武将の保存食ですね。お湯に入れて煮て殺菌すればお粥になりますし、そこに成功した米麹を加えて甘酒にしてもよいでしょう。ただ少しでもにおいに違和感のある場合は廃棄します。

93

おわりに

この本は、ひと昔前の日本に当たり前にあった
「暮らしの中で麹を育て、生活に必要な発酵・醸造食品を自らつくる」文化を、
現代の生活に広げるために書きました。ただ懐古的で伝統的な方法ではなく、
現代の生活や住宅事情、道具の入手しやすさ、時間の使い方などを考慮した方法です。

まず、難しい理屈はおいておき、家にある道具を使ってご自身の台所でつくってみてください。
最初はうまくいかないかもしれませんが、小さく始めてみることが大事です。
よく観察し、香りを嗅ぎ、味見をし、どうすればもっと良くなるか考えて、何度もやってみてください。

昔の日本人は顕微鏡も麹菌の概念もない時代に、経験と観察を繰り返しながら麹をつくり、
今につながる発酵・醸造文化を育ててきました。菌との関わり方は今も昔も同じ。
菌と交流する中で、太古の人々とつながる記憶の糸のようなものが感じられます。
この奥深くにある原初の身体感覚は、生きる力強さや喜びを思い起こさせるでしょう。

そして麹をつくってみたら、ぜひInstagramやほかのSNSに投稿してください。
なかじ〈@nakaji_minami 〉をタグ付けしてくれたなら、飛んで見にいきます。
感想も言語化してみてください。言語化することで、経験の整理になり、理解を深めます
（この本そのものがなかじの経験のアウトプットでもあります）。質問も可能な範囲でお答えします。
わからないことは一緒に考えましょう。自転車が何度も練習することで乗れるように、
麹も経験を重ねて身体で覚えていけば、誰でもつくれるようになります。

この本は私の経験だけではなく、オンラインスクール「麹の学校」のメンバー、
日本で世界中で麹の教室を通じて麹文化を広げる活動をしている講師、全国の発酵・醸造の職人や蔵元、
種麹メーカー、研究者の方たちのアイデアや経験値が一つひとつのピースとなり、
まとめることができました。そして、この本を世に送り出すためのチームメンバー、
10年以上の麹や発酵を伝える活動を共にしてくれた農文協と編集者の中田さん、
麹の写真を世界一かっこよく撮ってくれたカメラマンの寺澤さん、
これらを整理しまとめてくれたデザイナーの福間さん。
このチームだからこそできた最高の麹の本です。
改めて、私が麹を通して出会ったすべての人に感謝します。

そして、今、この文章を読んでいるあなたに出会えた麹の縁に。
Koji for Life!!!

なかじ

なかじ

1979年大分県生まれ。麹文化研究家。株式会社麹の学校代表。自然酒蔵「寺田本家」で酒造りに携わり蔵人頭となる。現在は日本及び海外で発酵のセミナーや麹ワークショップを開催し、麹の文化と技術を伝える。著書に『麹本』『酒粕のおいしいレシピ』(ともに農文協)ほか。
麹をつくってみて質問や感想があれば、なかじのSNSにご連絡ください。YouTubeでは麹づくりに関する最新情報や内容のアップデートがあった場合など発信していきます。

Instagram @nakaji_minami
YouTube @nakajikojifermentation
⇒麹を学ぶオンラインスクール「麹の学校」で検索。

麹づくりと発酵しごと

麹、味噌、醤油、甘酒、酒種パン、
発酵調味料のレシピ

2024年11月10日　第1刷発行

著　者　なかじ
発行所　一般社団法人 農山漁村文化協会
　　　　〒335-0022　埼玉県戸田市上戸田2-2-2
　　　　電話 048-233-9351（営業）
　　　　電話 048-233-9372（編集）
　　　　FAX 048-299-2812
　　　　振替 00120-3-144478

印刷・製本　TOPPAN クロレ株式会社

【検印廃止】
ISBN 978-4-540-23137-7
© Nakaji 2024 Printed in Japan
定価はカバーに表示
乱丁・落丁本はお取り替えいたします。

イラスト　なかじ
写真　寺澤太郎
デザイン　福間優子
写真提供　高木あつ子（p.74 なた漬け）
　　　　　小林キユウ（p.74 ニシン漬け）

【協力】
Kazumi Peters（Muttiskoji）
助野彰彦（菱六）
花田洋一（亀甲萬醤油杜氏）
樋口弘一（樋口松之助商店）
村井裕一郎（ビオック・糀屋三左衛門）

【 Special Thanks 】
黒島慶子（醤油ソムリエール）
佐々木要太郎（とうの屋要）
佐藤勉（秋田今野商店）
佐藤祐輔（新政酒造）
高橋万太郎（職人醤油）
寺田優（寺田本家）
山本康夫（ヤマロク醤油）

【なかじを発酵の世界に導いてくれた2人】
故・寺田啓佐（寺田本家23代目当主）
中島デコ（ブラウンズフィールド）
（50音順）